Michael Kramer · Pantomime

Michael Kramer

PANTOMIME

Das Spiel mit der Bewegung

40 Spielstücke für Gruppen

Burckhardthaus-Laetare Verlag

2. Auflage, 1985

Umschlag: hammerteam, Wuppertal
Fotos: Stephan Bruelhart

Abbildungen: Compagnia Teatrale Casanova Lerrone
Lektorat: Bertram Weber, Lüneburg

Herstellung: Joachim Emrich, Offenbach/M.

Druck und Verarbeitung: RGG-Druck, Braunschweig

CIP-Kurztitelaufnahme der Deutschen Bibliothek

Kramer, Michael:
Pantomime: d. Spiel mit d. Bewegung; 40 Spielstücke
für Gruppen / Michael Kramer. [Fotos: Stephan Bruelhart].
– 2. Aufl. – Offenbach/M.: Burckhardthaus-Laetare Verlag, 1985.

ISBN 37664-2030-5

Inhaltsverzeichnis

I. Einleitung · Das Spiel mit der Bewegung

Pantomime, Spiele ohne Worte, Mime pur, Formen, die eine Bewegungssprache nutzen, die den alltäglichen Bewegungen, Gesten, Haltungen entsprechen und zu einer Formensprache gestaltet sind, die ohne die Sprache der Worte verstanden wird.

Um sich diese Ausdrucksmittel anzueignen ist es wichtig, sich alltägliche Situationen zu vergegenwärtigen, sich Verhaltensweisen von verschiedenen Menschen anzusehen und dabei die gestaltete und nicht gestaltete Umwelt zu betrachten und sich anzueignen.

Viel über diese Körpersprache, die Mimik und Gestik, können wir von kleinen Kindern lernen. Sie kaschieren ihre Gefühle nicht hinter einer aufgesetzten, nicht erlebten Mimik, sondern drücken ihre Gefühle direkt und konkret in Mimik, Haltung und Gestik aus. Das ausgelassene Springen und Hüpfen, die Traurigkeit, die im zum Weinen verzogenen Gesicht sich widerspiegelt, die Spannung, mit der ein Geschenkkarton geöffnet wird. Kinder verstehen es, die innere psychische Spannung oder Entspannung direkt in ihre Körperhaltung zu übertragen, und dies ist eigentlich die Grundlage der Pantomimentechnik, Stimmungen, Eigenschaften, Haltungen in eine Körpersprache zu übertragen und Zeichen und Sympole für sie zu finden, die von den Zuschauern unzweifelhaft verstanden werden.

Diese Technik wird von den Clowns auch bevorzugt verwendet. Clowns gleichen mit ihrer naiven, einfachen Betrachtungsweise und mit ihren direkten, unverfälschten Gefühlseskapaden den Empfindungs- und Ausdrucksformen, die Kindern zu eigen sind.

In diesem Buch möchte ich durch die Darstellung verschiedener Improvisationsthemen und auch entwickelter Stücke und Pantomimen erreichen, daß der Leser eine gewisse Sensibilität und Sehweise entwickelt, mit der er einen Einstieg in die Technik der Pantomime bekommt. Mit der neu gewonnenen Erfahrung soll die Neugier entwickelt werden, Menschen in den verschiedensten Situationen in ihren Verhaltensweisen und Körperbewegungen zu interpretieren, ihre Körpersprache zu verstehen und vielleicht auch damit ein Gestaltungsmaterial für die eigene, pantomimische Darstellung zu gewinnen. In einem selbst entwickelten Pantomimenstück sollte der Spieler jedoch auch seine eigene Person reflektiert und verarbeitet haben. Auch hierfür sollen Pantomimenübungen und Themen geschildert werden. „Emotionen und ihre Entwicklung" ist z. B. ein Improvisationsthema, in das sich der Spieler mit seinen eigenen Erfahrungen hineingeben muß. „Auf der Suche nach dem eigenen Clown" ist ein Thema, bei dem jeder sich in seiner eigenen Vergangenheit umsehen muß, sich selber fragen muß: wo liegen meine clownesken Fähigkeiten, wo zeigen sich groteske, satirische, tölpelhafte, dümmliche, lyrische oder ängstliche Eigenschaften, Bewegungsattitüden in meiner eigenen Person. Wie kann ich sie für eine szenische Darstellung nutzen? Nur durch Improvisationen, Übungen und Proben kann dann schließlich eine Darstellungstechnik entwickelt werden, mit der sich die Akteure eine Darstellungsform aneignen können, die auch gewährleistet, daß das Gespielte vom Zuschauer verstanden wird. Die Umsetzung für die Zuschauer erfordert ein szenisches Denken der Akteure, sie müssen sich selber in Beziehung zu ihren Mitspielern aus der Sicht der Zuschauer wahrnehmen lernen. Erst wenn dies gelingt, kann man sicher sein, daß auch Gruppenszenen in ihrer Komplexität verschiedener Bewegungs- und Handlungsabläufe von den Zuschauern verstanden werden können. Auch für diese Technik haben wir einige Spielübungen in das Buch aufgenommen. Gruppenimprovisationen wie „Ein Fahrstuhl bleibt stecken" oder „In der U-Bahn" können hier Hilfestellungen für das Zusammenspiel bieten.

Imaginäre Wirklichkeiten

Ein wichtiger Bereich der Pantomime bezieht seine Faszination aus dem Spiel mit der Imagination. Der Pantomime kann aus dem Nichts Gegenstände hervorzaubern oder wieder verschwinden lassen. Er kann Wind aufkommen lassen, Wasser auf die Bühne zaubern, oder sich augenblicklich von einem Ort zum anderen bewegen. Eben war er noch im dichten Wald in einer Dornenhecke verfangen, in der nächsten Sekunde kann er schon auf einem großen Boulevard einer Großstadt spazieren gehen. Er kann sich aus einem Sarg erheben und als Vogel in die Lüfte steigen, kann eben noch als kleines Kind Eis essend über den Jahrmarkt hüpfen, Augenblicke später als Politiker bei einer Konferenz auftreten oder im Handumdrehen als Sportler an einer Olympiade teilnehmen.

Um dies alles entwickeln zu können, lernt der Pantomime die Technik, mit der er durch seine Hände und seinen Körper imaginäre Gegenstände und Requisiten herstellen kann und durch seine eigene Vorstellungsgabe, Fantasie und Einbildungskraft Räume, Elemente und Umweltsituationen vor den Augen der Zuschauer entstehen zu lassen. Auch für diesen Bereich stellen wir Übungen vor, mit denen der Leser seine eigene Vorstellungskraft, Fantasie und auch Überzeugungskraft beim Vorspielen überprüfen kann. Ziel dieses Buches soll es also sein, all diese Techniken ein wenig zu reflektieren, um sie auch für andere Formen des Theaterspielens zu nutzen. Ich denke dabei nicht nur an die Pantomime selbst, sondern an verschiedene pädagogische Bereiche. Bewegung, Kostüm, Objekte sind darstellende Mittel, die die Schaulust der Zuschauer befriedigen. Viele Theatergruppen versuchen über die literarischen Formen des Sprechtheaters hinauszukommen. Dies Buch soll Hilfen bieten, Spielhandlungen in optisch interessante Aktionen umzusetzen und aus dem passiven Zuschauer einen aktiven Schaulustigen zu machen.

Im pädagogischen Theaterspiel eignen sich die pantomimischen, nichtverbalen Mittel besonders gut für die Jugendlichen, die aufgrund ihrer Schulbildung es nicht gelernt haben, sich virtuos, sprachlich auszudrücken. Gerade Hauptschüler und Lehrlinge verfügen aber über ein ausgeprägtes Körpergefühl, über Spontaneität und Naivität im Umgang mit pantomimischen Ausdruckmitteln. Diese Fähigkeiten sollten in der pädagogischen Theaterarbeit genutzt werden, denn sie sind langerprobte, schichtenspezifische Formen des Volkstheaters. Gags, Slap-Stiks, Clownerien sind Variationen der Pantomime, die als theatralische Ausdrucksformen bei der Vermittlung von Problemen immer unterbewertet wurden. Auch diese Vorurteile zu überwinden, soll dieses Buch in Ansätzen leisten. Dabei muß natürlich gesagt werden, daß die Berichte und Darstellungen nur erste Ansätze für eine Auseinandersetzung mit dem Medium Bewegung und Pantomime sein können, man muß dieses Material benutzen, um auf eigene Entdeckungsreisen zu gehen und muß Ideen und Geschichten aus der alltäglichen Beobachtung entwickeln lernen. Letztlich entscheidet das Publikum, wie welcher Inhalt über die Rampe kommt, an seinen Reaktionen kann der Pantomime seine Ausstrahlung ablesen, deshalb sind die Aufführungen ein wichtiger Bestandteil der Arbeit. Auch die sich anschließenden Diskussionen zwischen den Akteuren und dem Publikum sind notwendige Prozesse bei der Suche nach adäquaten Ausdrucksformen. So ergibt sich der schlüssige Arbeitsablauf: Sehen, beobachten, improvisieren, proben, spielen und diskutieren.

II. Szenen mit imaginären Gegenständen

1) Körper und Raum

Ein Spieler steht eingezwängt in einem engen Kasten, der Kasten hat offensichtlich vier Wände. Langsam schiebt er die

Wände auseinander, so gewinnt er ein wenig mehr Raum und kann sich etwas stärker bewegen.

Der Raum wird größer, er schiebt die Wände kräftiger zur Seite, geht die Wände ab, tastet sie ab ...

. . . und findet schließlich einen Spalt.

Er öffnet den Spalt und schlüpft ins Freie.

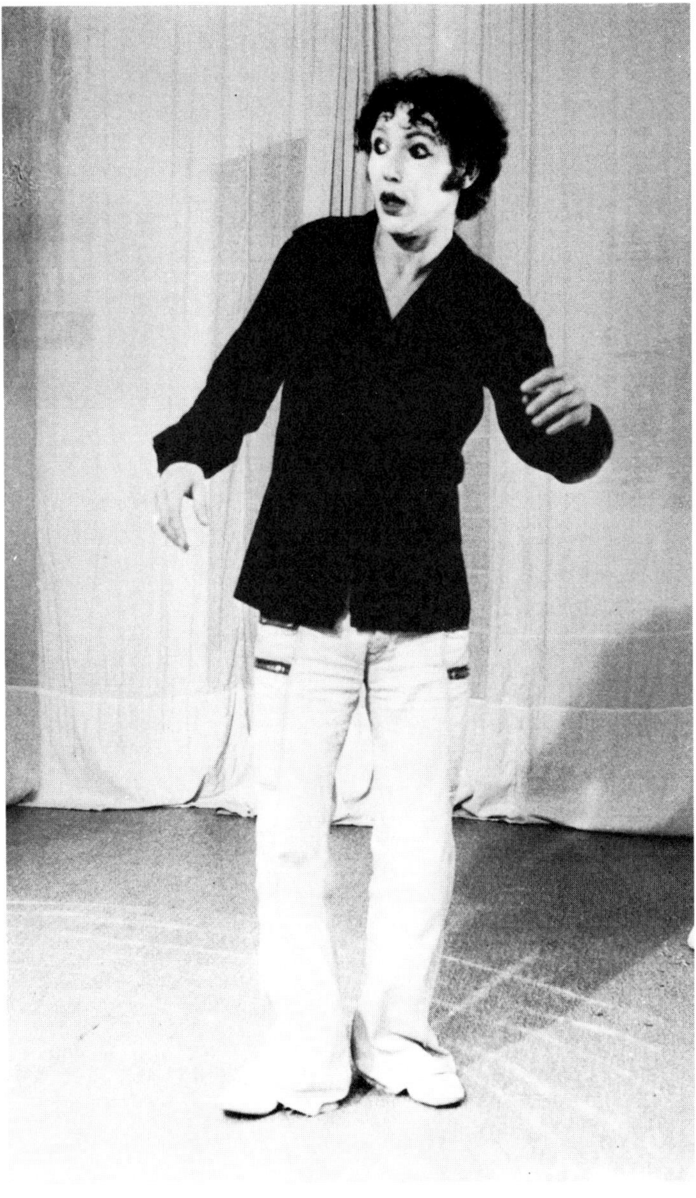

Er geht weiter, kommt auf einen sumpfigen Boden, sinkt ein, hat Mühe, seine Füße wieder herauszuziehen, sinkt immer tiefer ein.

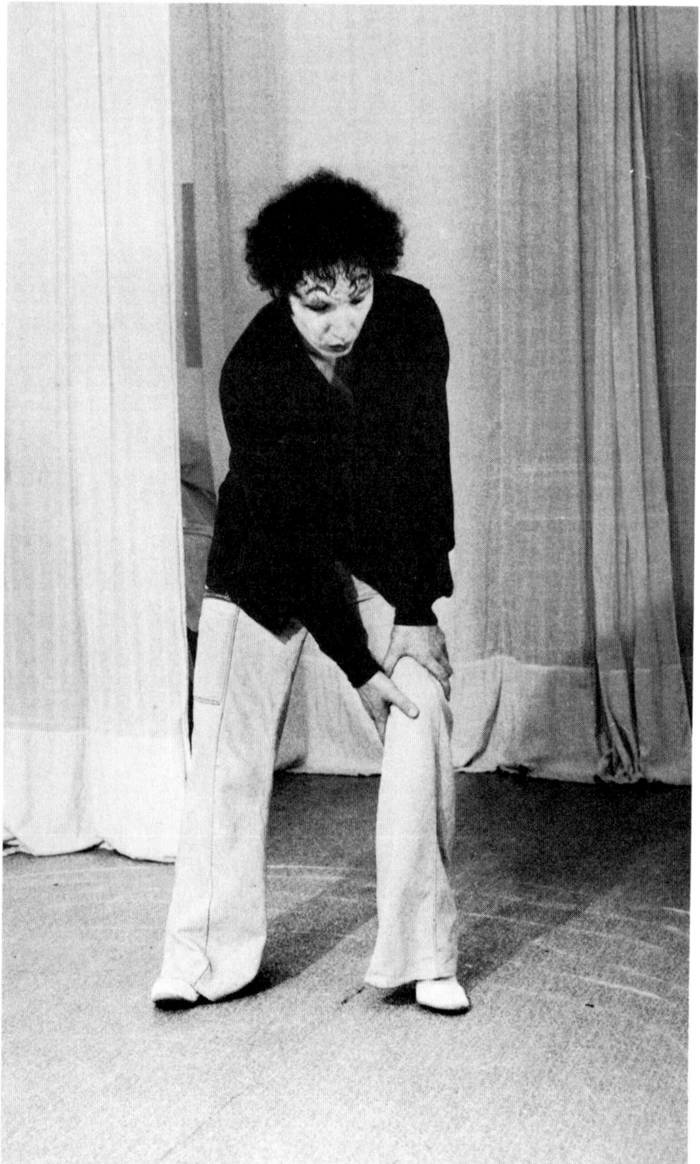

Er kämpft sich weiter, der Sumpf wird nachgiebiger, er springt auf festen Boden.

Trifft auf einen Weg mit spitzen Steinen, sie schmerzen auf der Fußsohle, er versucht mit leichten Schritten die Schmerzen zu lindern. Leichtes Laufen auf den Zehenspitzen, bis er an einen Gegenstand stößt. Es ist eine senkrecht stehende Stange.

Er greift die Stange ab, geht weiter, stößt an eine weitere Stange, greift auch sie ab, geht weiter, er findet immer mehr Stangen, sie vermehren sich zusehends. Er fühlt sich eingesperrt.

Nimmt eine Stange heraus, schwenkt sie umher, jongliert sie durch die anderen Stangen ins Freie.
Spiel mit der Stange. Er balanciert die Stange auf der Hand, macht eine Fahne daraus, einen Spieß, ein Schwert. Spielt Schwertschlucker. Zieht das Schwert aus dem Mund, schiebt es zusammen zu einem Dolch, macht sich die Fingernägel damit sauber. Schwingt den Dolch durch die Luft, blickt erstaunt auf, der Dolch ist zur Banane geworden. Schält die Banane, ißt sie. Blickt wieder erstaunt auf.

Nimmt einen Ball aus dem Mund. Spielt mit dem Gummiball. Reibt den Ball in der Hand, nimmt ihn zwischen zwei Finger und bläst ihn zu einem Luftballon auf. Läßt die Luft schließlich wieder heraus, bis der Ballon zu einer schweren Eisenkugel wird, die er hebt und umständlich wegstößt. Er hebt die Eisenkugel wieder auf und läßt sie wieder leichter werden. Bläst sie wieder als Ballon auf. Der Ballon wird immer größer, wächst weiter, ohne daß er Luft hineinbläst, wächst und wächst, bis er auf ihm reiten kann und schließlich halb schwebend abgeht.

FLIESSENDE BEWEGUNGEN

Der Spieler muß sich bei der Darstellung imaginärer Gegenstände die darzustellenden Materialien sehr genau vorstellen, denn er spielt in den Bewegungen die Konsistenz und die Bewegungsart des Materials in starker Überzeichnung mit. Die Bewegung eines dünnen Seidentuches ist eine andere als die eines dicken Jutesackes. Brotteig, der geknetet wird, erfordert eine andere Bewegung als Wandfarbe, mit der ich eine Wand streiche. Wasser im Eimer, mit dem ich den Putzlappen auswasche, muß von den Armen und den Händen beim Eintauchen, Ausspülen und Auswringen mitgespielt werden. Allen beschriebenen Spielthemen sind jedoch fließende Bewegungen gemeinsam.

Übungen:

Wäsche waschen.
Wäsche aufhängen.
Fenster putzen.
Eine Wand anstreichen.
Brotteig herstellen.
Im Wasser baden.
Unter der Dusche.

2) Szene: In der Badeanstalt

Ein Mann und eine Frau kommen in eine Badeanstalt. Gehen in eine Umkleidekabine, ziehen sich aus, ziehen sich einen Badeanzug an, gehen unter die Dusche. Nachdem sie geduscht haben, waten sie langsam ins Wasser, schwimmen, tauchen unter Wasser, spritzen mit dem Wasser und spielen mit einem Wasserball. Danach gehen sie langsam wieder an den Strand und trocknen sich ab.

Bei dieser Übung können wir gut die unterschiedlichen Gesten, Bewegungen und Haltungen von Männern und Frauen spielen. Es ist auch interessant, die Frau von einem Mann spielen zu lassen und umgekehrt einen Rollentausch vorzunehmen. Dabei wird den Spielern auffallen, wie wenig man geschlechtsspezifische Gesten und Bewegungen bewußt beobachtet hat.

3) Szene: Wäsche waschen

Ein großer Kübel mit Wasser und Wäsche wird hereingetragen. Der Spieler holt die großen Wäschestücke mit großem Kraftaufwand heraus und wäscht einzelne Partien durch. Dann nimmt er ein Stück Kernseife hinzu, reibt damit die Wäschestücke ein, doch nach einiger Zeit flutscht ihm das Stück Kernseife durch die Hände und springt ein paar Meter weiter. Er rennt hinterher, nimmt es auf, es springt ihm wieder aus der Hand und landet auf dem Boden. Er rennt hinterher, tritt mit dem Fuß drauf um es zu halten, das Stück Kernseife rutscht durch den ganzen Raum, prallt von der Wand ab, fliegt so im ganzen Raum hin und her, bleibt schließlich liegen. Der Spieler regt sich auf, schimpft mit dem Stück Seife, droht ihm, greift es schließlich und wäscht weiter. Hängt dann endlich die Wäsche auf die Leine. Die Leine hängt zu sehr durch, die Wäschestücke landen auf dem Boden. Der Spieler versucht die Leine von der Seite her zu straffen. Er zieht am Seil, doch wenn er es festbinden will, hängt es wieder durch. Dies versucht er solange, bis er merkt, daß er beobachtet wird, er grüßt verlegen aber freundlich, versucht verunsichert seine Seilstraffungsaktion nochmals, sie mißlingt wieder. Daraufhin stellt er sich als dritten Wäschepfahl auf und hält das Seil in die Höhe. Lächelt unsicher zu seinen Beobachtern herüber, grüßt die vorbeigehenden Leute verlegen, aber freundlich.

MECHANISCHE BEWEGUNGEN

Wenn wir starre, unbewegliche Objekte darstellen wollen, ist eine gewisse Mechanik bei den Bewegungsabläufen des Spielers notwendig. Wenn ich eine Wand darstellen will, muß meine Hand die Fläche darstellen. Wenn die Hand von der Wand abgehoben wird, löst der Spieler die Handstreckung auf, wenn er sie wieder aufsetzt, streckt die Hand sich und stellt damit die Fläche der Wand dar. Das Aufsetzen und Abnehmen geschieht mit einem Tock. Einem Anfangs- und Endimpuls, mit dem der Pantomime die Bewegungsabläufe im Spiel mit imaginären Gegenständen akzentuiert.

Ein Kasten, der bewegt wird, muß während des Bewegungsvorganges seine Form behalten, deshalb bleiben Hände, Arme und oftmals auch der Oberkörper des Spielers starr und gehalten. Dies ist schon die erste Form der mechanischen Bewegung, denn das Spiel mit imaginären starren Gegenständen zwingt den Spieler, die starre Form beizubehalten. Wenn ich einen Tisch transportiere, bleiben Hände, Arme und Oberkörper immer parallel zueinander, ebenso wenn ich einen Stuhl oder ein Gemälde trage.

4) Darstellung einer Maschine

Mechanische Bewegungen leben von der Technik, daß der Körper Gelenke hat und einzelne Körperpartien in der Streckung gehalten werden können.
Armmechanik: Es gibt als Übung dazu die Armmechanik. Die Arme können immer im rechten Winkel verändert werden.
Brechungen: Als zweite Übung sind die Brechungen wichtig. Der Kopf, der Rumpf, das Becken und die Füße können zur Seite und nach vorn und hinten abgeknickt werden. Dies kann in den verschiedensten Formen zur Darstellung von mechanischen Bewegungsabläufen genutzt werden.
Eine Maschine kann dazu noch verschiedene Bewegungsrhythmen haben. Wenn sich verschiedene Spieler nebeneinanderstellen und sich die Bewegungsabläufe überschneiden, ergänzen und parallel miteinander laufen, sollten die einzelnen Partien der Maschine sich in Geschwindigkeit und Rhythmus unterscheiden. Es kann auch ein Fließband mit gespielt werden. Hierfür muß die Übung mit der Wand nur in die Waagerechte gebracht werden und die Hände in der Geschwindigkeit des Fließbandes bewegt werden. Es können auch zur Abwechslung Kästen auf dem Fließband transportiert werden. Wirkungsvoll ist es bei dieser Improvisation, wenn Maschinengeräusche vom Tonband eingespielt werden, oder von anderen Mitspielern live erzeugt werden.

5) Mechanische Puppen

Ein beliebtes Thema ist das Spielen mechanischer Puppen in der Pantomime. Hier hat der Spieler die Möglichkeit, über die Vorstellung der mechanischen Puppe, verschiedene Bewegungsabläufe in einzelne Partien zu untergliedern, so daß die verschiedenen Bewegungsteile eines Bewegungsvorgan-

ges deutlich werden. Dies wiederum ist ein wichtiger Erkenntnisprozeß, um den Charakter eines Bewegungsablaufes analysieren zu können. Z. B. kann ich dabei kennenlernen, welche Körperpartien eingesetzt werden, wenn ein schwerer Gegenstand transportiert wird, oder dazu im Gegensatz, wie dieselbe Bewegung aussieht, wenn ein leichter Gegenstand bewegt wird. Untergliederung eines Bewegungsablaufes bedeutet auch die Aufteilung in Kopf – die Augen sehen etwas; ganzer Körper – der Körper ändert die Richtung; Arm – der Arm streckt sich aus; Hand – die Hand greift.
Szenen: Eine Spieluhr, Puppen auf dem Orchestrion, mechanisches Spielzeug.
Dabei wird den Spielern auffallen, daß diese Unterteilung in verschiedene Körperpartien nicht nur eine reine Bewegungsangelegenheit ist, sondern daß dabei auch schon eine inhaltliche Aussage herauskommt.

6) Der Einsatz des Körpers beschreibt das Engagement der Person

Wenn ich eine Aktion nur mit den Augen oder nur mit dem Kopf beobachte, entsteht eine andere Wirkung, als wenn ich schon den Oberkörper mit in die Richtung beuge oder gar den ganzen Körper einsetze. Es wird ein unterschiedliches Interesse vermittelt, der Spieler nimmt am Geschehen mit unterschiedlichem Engagement teil. Das größte Interesse wird er bekunden, wenn er bei der Beobachtung sogar noch einen Ausfallschritt macht.
Diese Technik ist mit mechanischen Bewegungen am leichtesten zu üben, kann dann aber später in allen Formen des pantomimischen Spieles benutzt werden.
Szenen: Zuschauer beim Tennis, Modenschau, Peep-Show, Autorennen, Oper.

III. Imaginäre Räume

Blick, Geste, Haltung, Bewegung

Imaginäre Räume kann der Pantomime vor allem durch seine eigene Vorstellungskraft in den Kopf seiner Zuschauer transportieren. Wenn der Spieler die imaginäre Umgebung sehr genau erlebt, wird sich dies in seinem Spiel ausdrücken. Der Blick verfolgt die Konturen der Gegenstände, er beschreibt die Höhe der Bäume oder die Tiefe des Tales, die Bewegungen des Körpers stellen sich auf die Größe des Raumes ein. In einem kleinen Raum bewege ich mich unwillkürlich sparsamer, gebückter und zurückgezogener. In einem großen Raum hat man stärker den Mut zu großen, ausladenden Bewegungen, und auf einem freien Feld oder in großräumiger Landschaft kann man unbekümmert große Sprünge wagen oder ungezügelt hin und her laufen. Diese unterschiedlichen Raumvorstellungen drücken sich also beim Spiel im Blick, in der Geste, Haltung und der Bewegung aus.

Das Klima

Klima und Temperaturen sind ebenfalls äußere Einflüsse, die die Stimmung, die Haltung und das Spiel einer Figur beeinflussen. Spielt sich eine Handlung in einem kleinen, kalten Raum ab oder in einem großen, warmen, muß dies beim Improvisieren berücksichtigt werden.

7) Straßenbahnhaltestelle

Verschiedene Menschen stehen an einer Straßenbahnhaltestelle, warten auf die Straßenbahn und beobachten dabei den Straßenverkehr und die Menschen. Es kommt ein leichter Wind auf, es wird kühler, es fängt an zu regnen.

8) Im Fahrstuhl

Der Fahrstuhl hält an verschiedenen Stationen, es steigen Leute aus, andere kommen dazu. Die Luft ist schlecht, es ist warm. Dabei sind die unterschiedlichen Büros, Geschäfte auf den Etagen zu berücksichtigen (Berufsrollen).

9) Improvisation mit Türen

Die Aufgabe:
Geschlossene Türen öffnen und alles darstellen, was man hinter diesen Türen sieht. Es können kleine, große, hohe, lange Räume sein, aber man kann ja auch durch eine Tür ins Freie treten. Bei dieser Übung kommt es darauf an, möglichst unterschiedliche Umgebungen darzustellen, also auch ganz unwahrscheinliche Kombinationen zu finden.

10) Topographie einer Wohnung

Diese Improvisation ist eine Kombination von imaginären Spielmomenten und real fixierten Spielräumen.
Wir teilen den Spielraum mit Stühlen oder anderen vorhandenen Grenzmarkierungen ein, damit wir die reale Proportion einer Wohnung abbilden können. Meistens sind in den Wohnungen doch wohl große Wohnräume, kleine Schlafräume, ein kleines Bad, eine kleine Küche und ein kleines Kinderzimmer. Aus dieser Raumverteilung ergeben sich unterschiedliche Spielkonstellationen. Morgens z. B., wenn alle Familienmitglieder aufstehen, ins Bad gehen, und natürlich in der Küche essen, spielt sich das gesamte Familienleben einer fünfköpfigen Familie zwischen Bad und Küche ab. Hierbei entstehen die lustigsten Situationen, wenn man die Einrichtungsgegenstände und Requisiten pantomimisch spielt.
Weitere Themen zur Darstellung unterschiedlicher Räume und Umgebungen:

Spaziergang durch den Wald
Im Autobus
In der U-Bahn
Im Warteraum
In der Diskothek
Auf der Behörde

Bahnhofshalle
Badezimmer
Campingplatz
Badeanstalt
Durch den Fluß

11) Improvisation mit 4 Wänden

2 Spieler gehen um ein großes Rechteck herum. Stellen durch die Handhaltungen die Wände dar. An den Ecken lugen sie vorsichtig in die nächste Richtung, sie wollen voneinander nicht gesehen werden. Wenn man sich sieht, zieht man sich schnell wieder hinter seine Wand zurück. Dabei ist es wichtig, daß die Spieler nicht durch die imaginären Wände hindurchsehen, das merkt der Zuschauer sehr genau.

IV. Figuren entwickeln heißt: Typisieren

Bei der pantomimischen Darstellung von Menschen müssen wir Ausschnitte aus ihrem Leben wählen, müssen charakteristische Eigenschaften bestimmen und Eigenschaften auswählen, die typisch für die ganze Person sind. Dies ist oft natürlich ungenau und klischeehaft. Aber man stellt auf der Bühne ja nur Ausschnitte aus der Wirklichkeit dar, sonst würde das Spiel ja genau so viel Zeit in Anspruch nehmen wie das Leben.

Diese Reduzierung auf das Wesentliche ist also der Gestaltungsprozeß einer Figur.

Meisterhaft ist dies vor über 300 Jahren den Schauspielern der Commedia dell' arte gelungen. Sie haben aus der gesamtgesellschaftlichen Realität Figuren entwickelt, die typisch und in gewissem Sinne repräsentativ für das damalige gesellschaftliche Leben waren und haben dabei gleichzeitig verschiedene Bevölkerungsschichten charakterisiert.

Da gab es den Pantalone, den reichen, geizigen Kaufmann, den Dottore, den eingebildeten, abgehobenen Wissenschaftler, den Capitano, Angeber und Offizier, den Arlecchino, den Diener, der seine Herren an der Nase herumführt, vorwitzig und gerissen ist, den Brigella, den wissenden, lyrischen Diener, der aber mit Arlecchino zusammen Streiche gegen die Obrigkeit ausführt, die Columbina, die Freundin Arlecchinos, Dienerin und Intrigantin, sie hilft Arlecchino bei seinen Streichen.

Durch diese Gestalten ist ein Ensemble von Figuren entstanden, die das Volk, die Obrigkeit, den Staat und die gebildeten Leute charakterisieren. Damit wurde eine Spielvorlage für die Darstellung unzähliger Geschichten und Konflikte geschaffen, mit denen die Commedia dell' arte das Leben und die alltäglichen Situationen der damaligen Zeit darstellte, die uns dadurch bis heute erhalten geblieben sind.

12) Commedia dell' arte – heute

Es soll hier ein Versuch unternommen werden, die Figuren der Commedia dell' arte in unsere heutige Zeit zu übertragen. Damit zeigt sich auch die Parallele zu unseren heutigen Volkstheatern. Sie haben ähnliche Figuren, nur werden diese Figuren nicht so genau gezeichnet und ihre gesellschaftlichen Funktionen und politischen Haltungen sind weniger deutlich.

Arlecchino
Arlecchino könnte heute Hausmeister sein, oder Taxifahrer, ein Gebrauchtwagenhändler, ein Kellner oder ein Handwerker, ein Klempner, Maler, aber auch ein Chauffeur eines Politikers, ein Regieassistent, Postbote oder ein Student, ein kleiner Gewerkschaftssekretär, Detektiv.

Pantalone
Der reiche Kaufmann aus Venedig ist natürlich heute der Geschäftsmann aus den oberen Chefetagen, aber auch der Politiker, der leitende Angestellte, der Manager und der Oberbürgermeister. Der Funktionär eines großen Sportvereins, der Hausbesitzer oder der Gewerkschaftsfunktionär. Natürlich der typische Kleinunternehmer, aber auch der autoritäre Familienvater, oder der Beamte vom Ordnungsamt, Adeliger, Graf, Baron.

Dottore
Natürlich erst einmal der Arzt an der Ecke, mit seiner gutgehenden Praxis, dann aber auch der Rechtsanwalt, der schrullige Professor, der weltfremde Künstler, der elitäre Wissenschaftler, der verrückte Erfinder und der clevere wissenschaftliche Berater, Frauenarzt, Politiker.

Capitano
Der dümmliche Polizist, der Soldat, der Polizeioffizier, der keine Ahnung hat, ein Seemann, kleiner Vollzugsbeamter, Beamter einer Behörde, Dorfpolizist, Förster.

Brigella
Der weltfremde Student, zurückgezogene Künstler, Popsänger, Liedermacher, Poet, Gärtner.

Columbina
Sekretärin, Zimmermädchen, Kellnerin, Postbotin, Hausangestellte, Köchin, Schneiderin, Zofe, Verkäuferin, Spionin.

Wir können nun aus dieser Auflistung von Rollen und Funktionen eine beliebige Auswahl treffen und daraus eine Geschichte entwickeln.

Nehmen wir an, Arlecchino ist der Chauffeur eines Geschäftsmannes aus der oberen Chefetage, der mit seiner Gattin und seiner Tochter in Südfrankreich zur Kur weilt.
Dottore ist der clevere wissenschaftliche Berater, der sich um die Tochter des Geschäftsmannes bemüht, um bei dem Konzern einen entsprechenden Posten zu bekommen.
Bei diesen Bemühungen spielt Columbina, die Verkäuferin in der Modeboutique eine wichtige Rolle, denn sie ist mit Dottore und Arlecino befreundet.
Hier haben wir schon eine typische Konstellation der Commedia dell' arte-Figuren.
Nach diesem Muster kann man nun weiterverfahren und weiter Szenen und Stücke entwickeln.

13) Das neue Haus in Italien

Personen:
Arlecchino, ein Automechaniker
Luigi, ein Häusermakler
Dottore Lavezzari, Notar und Rechtsanwalt
Signore Mendel, deutscher Tourist
Signora Mendel, seine Frau

1. Szene: In der Autowerkstatt

Arlecchino repariert ein Auto, da kommt Signore Mendel mit seinem Mercedes 200 und erklärt, er sei kaputt. Arlecchino untersucht den Wagen und stellt fest, daß es eine sehr teure Reparatur werden wird. Signore Mendel ist empört, er feilscht mit Arlecchino um den Preis.
Luigi taucht auf, er winkt Arlecchino herüber, beide stecken die Köpfe zusammen und hecken einen Plan aus.
Arlecchino kommt zurück und sagt zu Signore Mendel, daß die Reparatur seines Wagens mindestens eine Woche dauern wird, der flippt total aus. Luigi kommt dazu und erklärt, er könne dem Signore ein billiges Hotelzimmer besorgen. Frau Mendel ist von Luigi begeistert und ist entzückt, noch ein paar

Tage in dieser herrlichen Gegend bleiben zu können. Mendel stimmt zu.

2. Szene: Auf der Strandpromenade

Signore und Signora Mendel gehen spazieren, treffen Luigi, der sich mit Lavezzari aufgeregt unterhält. Der letzte Häuserkunde hat mit einem ungedeckten Scheck bezahlt, Lavezzari ist empört. Als die Mendels kommen, sind beide betont freundlich und bieten sich den Mendels an, bei der Suche nach einem Feinschmeckerlokal behilflich zu sein. Lavezzari zeigt Mendel die historischen Bauten, und Luigi bearbeitet Frau Mendel mit den Prospekten seiner Häuser. Frau Mendel ist begeistert. Sie geht zu ihrem Mann herüber, zeigt ihm die Prospekte, doch er winkt ab. Man verabredet sich am Nachmittag in einem Restaurant.

3. Szene: Im Restaurant

Arlecchino tritt als Kellner auf.
Luigi und Lavezzari sitzen schon an einem Tisch und weisen Arlecchino an, er solle bestätigen, wie zufrieden die letzten Kunden von Luigi und Lavezzari waren. Arlecchino hält die Hand auf, man verspricht ihm Geld.
Die Mendels kommen. Signore Mendel versucht immer seine 5 Wörter Italienisch anzubringen und bittet seine Frau, im Wörterbuch nachzuschlagen. Sie setzen sich zu Luigi und Lavezzari.
Arlecchino bringt umständlich das Essen und knallt es den Mendels auf den Teller. Mendel muß sich seine Spaghetti vom Tisch auf den Teller schaufeln. Frau Mendel ist empört. Lavezzari rügt Arlecchino, der zieht aber hinter Mendels Rücken Grimassen. Alle prosten sich zu, trinken den speziellen Wein aus dieser wunderschönen, italienischen Gegend und schwärmen von Italien, den Frauen, dem Essen und dem Wein.
Luigi holt seine Prospekte hervor, Lavezzari hat einen Geheimtip, er verrät beinahe flüsternd, daß er da noch ein ganz anderes Haus kennt, es ist eine totale Gelegenheit, wunderbar gelegen, Südhanglage, Meerblick und preiswert wie kein zweites Haus, das sie in den letzten 5 Jahren verkauft haben. Mendel ist interessiert, Frau Mendel ist begeistert. Arlecchino

will sich einschalten, aber Lavezzari wehrt ihn ab, Arlecchino kommt immer im falschen Augenblick, er schnappt sich den Prospekt und ruft aus: „ohhh, bella casa, belissima casa, Signore, diese alte Bruchbude fällt mindestens in 2 Monaten zusammen", er haut dabei Luigi freundschaftlich auf die Schulter. „Signore, soll ich ihnen die Geschichte von den letzten glücklichen Kunden erzählen?" Lavezzari ist empört und meint, Arlecchino solle lieber verschwinden und das flambierte Eis bringen, Mendels sind begeistert, flambiertes Eis als Dessert, wunderbar. Sie verabreden sich am nächsten Tag, um das Haus zu besichtigen.

4. Szene: Haus in den italienischen Bergen

Mendels und Luigi stehen vor der Ruine, die mal ein Haus werden soll. Mendels sind von der Gegend sehr angetan, aber das Haus ist doch sehr verfallen. Luigi schildert in den leuchtendsten Farben wie das Haus einmal aussehen wird, wenn es ausgebaut ist. Mendels sind skeptisch, schwärmen aber immer wieder von der schönen Gegend.
Lavezzari kommt dazu. Er hat gerade einen größeren Kaufabschluß getätigt und hat einen neuen Kunden auch für dieses Haus. Er nimmt Mendel an den Arm und führt ihn in das Haus. Mendel stolpert über einen Balken, Frau Mendel lacht darüber und ruft, er solle doch aufpassen. Luigi kümmert sich um Frau Mendel, sie schlagen eine andere Route ein. Er zeigt ihr den Garten. Luigi und Frau Mendel flirten im Garten, während Lavezzari den armen Mendel durch die Ruine führt. Mendel rutscht immer wieder aus, verstaucht sich ein Bein, hat plötzlich eine ganze Tür in der Hand. Es hupt auf der Straße, Arlecchino fährt mit dem reparierten Wagen vor. Mendel ist begeistert, daß sein Wagen fertig repariert ist, kommt aus dem Haus heraus, sieht, daß Luigi seine Frau küßt, ist empört, schreit: „Hilde, das geht zu weit, Herr Luigi, das hätte ich von ihnen nicht erwartet", Arlecchino lacht sich kaputt. Ein großes Durcheinander entsteht, Lavezzari versucht zu schlichten, Frau Mendel schreit: „Du mußt mir gerade Vorhaltungen machen." Es entsteht ein Streit zwischen den Mendels, sie springen ins Auto und fahren davon. Arlecchino schreit hinterher: „Halt, die Rechnung ist noch nicht bezahlt." Lavezzari und Luigi lachen über Arlecchino, der mit jammernden Mammamia-Rufen hinter dem Wagen herläuft.

Beim Typisieren einer Figur sind besonders 3 Bereiche zu berücksichtigen, das Alter, der Beruf und das Milieu.
Alle drei Bereiche sind natürlich miteinander verwoben und müssen immer wieder neu bestimmt werden. So kann ein alter Mann durchaus die Züge und Eigenschaften eines 30jährigen haben, oder ein leitender Angestellter die Fantasie eines Künstlers. Ebenso kann ein Arbeiter die Bewegungsattitüde eines Politikers haben, zur Bestimmung von Darstellungskategorien ist es aber erst einmal notwendig, die am häufigsten vorkommenden Formen zu beachten und zu analysieren. Dabei wird der Beobachter feststellen, daß es schon altersspezifische, berufsspezifische und schichtenspezifische Bewegungen, Haltungen und Gesten gibt. Dies festzustellen, zu erlernen und im Spiel zu benutzen ist wichtig und notwendig, wenn die Aussage der pantomimischen Szenen und Stücke auch soziale und gesellschaftliche Verhältnisse widerspiegeln sollen.

STEHENDE BILDER – BLACK OUTS

Ähnlich wie bei Comic Strips müssen bei den Stehenden Bildern die wesentlichen Haltungen der Handlungen festgehalten werden. Eine Spielszene muß auf ihre wesentlichen Haltungen hin untersucht werden. Und da diese Haltungen nur für sich sprechen sollen, die dazwischenliegenden Szenenteile also auch mit ausdrücken sollen, müssen sie besonders deutlich und ausdrucksstark gestaltet sein. In diesen lebenden Statuen drücken sich Gefühle, Reaktionen und Aktionen viel intensiver aus, als wenn man ausführliche theatralische Bewegungsattitüden ausspielen würde.
Stehende Bilder verdeutlichen die Beziehungen zwischen den Personen und schildern Emotionen dramatisch und unmißverständlich. Deshalb sind sie auch für derartige Themen gut zu verwenden. Alle Themen, die Liebe und Leid, Leidenschaft und Eifersucht, Haß und Trauer oder Einsamkeit behandeln, können gut mit dieser Technik umgesetzt werden.
Folgendes Beispiel soll die Technik der „Stehenden Bilder" verdeutlichen.

14) Lupilo und Zampano

Der Markttag ist und Lupilo
bestaunt den großen Zampano.

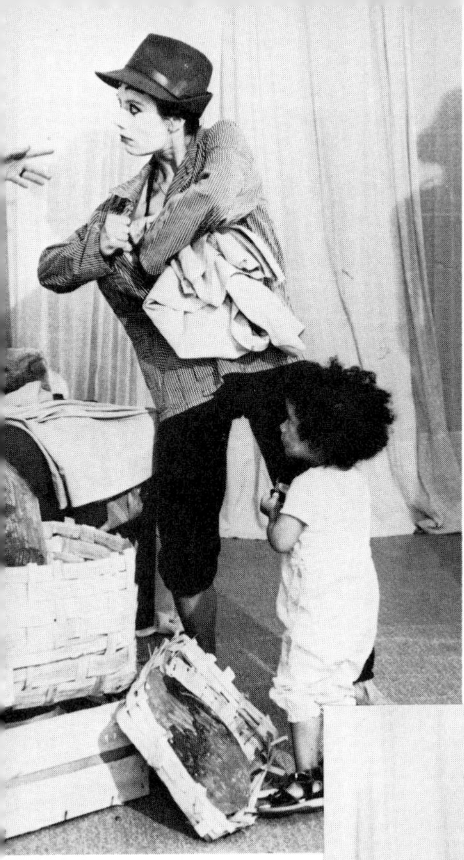

Bis er 'nen wunderschönen Mantel sieht, nimmt ihn sich einfach weg und flieht.

Die Marktfrau ruft mit lautem Schrei
den Polizisten schnell herbei.

Der schnappt sich
Lupilo und sagt,
du hast an's Zahlen
nicht gedacht.

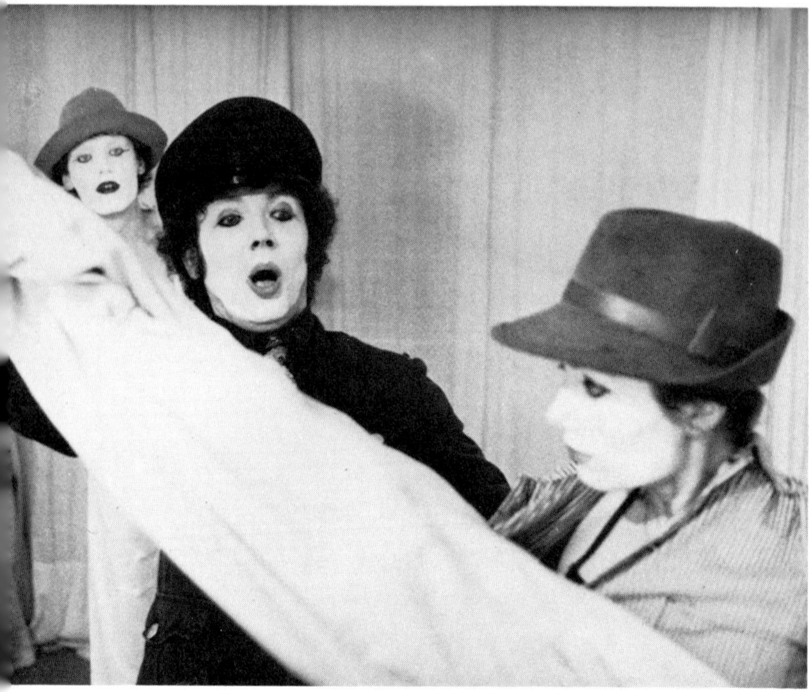

Lupilo blickt hilflos in die Menge,
jetzt sitzt er wirklich in der Klemme.

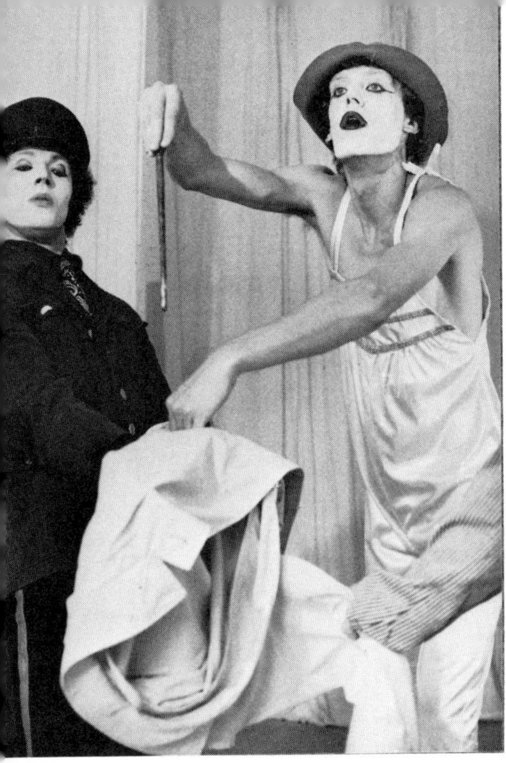

Doch Zampano
der Zauberer,
er zaubert einen
Geldschein her.

Es wird bezahlt das Kleidungsstück
und Lupilo bekommt's zurück.

DIE GROMMOLOSPRACHE

Laut und Bewegung sind gerade bei Gefühlsausbrüchen sehr eng miteinander verbunden. Lachen lockert den Körper und Weinen führt eher zu einer Verkrampfung des Körpers. Freude verführt zur großen ausladenden Bewegung, oder zum Sprung sogar, während Trauer die kleinen in sich gekehrten Gesten auslöst. Wut und Empörung zwingen den Spieler zu starken kraftvollen Lauten. Ja also, daaaaaß, verdolllerdoller nach noch mal; während man beim Erstaunen leise Ohhhhh's und Ahhhhh's hervorbringt.

Hier wird wohl der Charakter der Grommolosprache etwas deutlich. Es ist eine Sprache, die aus ihrer Klangfarbe lebt, die nur Laute benutzt, zwar mit Wörtern spielt, sie aber verfremdet und nicht in normal angewendeter Funktion benutzt.
Eine Liebeserklärung in Grommolosprache kann so klingen: *Liebhaber:* „Ohhh, ich lieta leeeela luiiiete sooooo. Ohhhh! Ohhhh-ohhhhh-ohhhhhh". *Ehefrau:* „Ehe eujeujeujeu, ahhhh, ahhh. Ahhhh! Samel livel lav? Ohhhhh. Mhmmmmm".

15) Das Ehedrama

Der eifersüchtige Ehemann, der seine Ehefrau beschimpft könnte folgendes sagen.
„Duuuuuuuu das haver wulst? Naaaaa? Ick malennen Wetter? Balester knaller Fett! Balester kannen Ball! Baster ich versteh det neller! Ein Bein in Boller ball, min lever. So is dat, so".

Eine Frau, die ihren Mann nach beigelegtem Streit vor einem Schaufenster bezirzt, ihr ein Kleid zu kaufen, sagt:
„Ohhhhh, eujeu euejeu jeu is doler biiiiiien! Darling, lisisisisisisi? Ohhheujejeu, duuuuuuuuu. Ist mehr laver mehl? Duuuuuuuuu? Lissisisisisi jaaa? Tummer tulp duuuu".
Die Grommolosprache verführt den Spieler dazu, Geste und Sprache miteinander zu verbinden. Man kann diese typisierenden Elemente der Lautsprache auch in die normale Sprachgestaltung mit hineinnehmen. Wir kennen diese Sprachgestaltung auch von der Comedia dell Arte oder auch vom Kaspertheater. Mit dieser Sprachtypisierung kann eine Figur noch deutlicher gezeichnet werden, und Sprache und Laute unterstützen die Bewegungselemente bei der Darstellung einer Figur zusätzlich.

V. Pantomimen und Clownstechniken

16) Jeder findet seinen eigenen Clown

Der Clown ist die Theatergestalt, die sich durch alle Epochen hindurch erhalten und entwickelt hat. Er kann komplizierte Dinge einfach sagen und versteht es, zwischen den verschiedenen Menschen zu vermitteln. Er malt seine Geschichten in einfachen Bildern, die keinen Zweifel über gut und böse oder falsch oder richtig zurücklassen. Deshalb ist es für den Spieler einer Pantomime gut, sich einmal klar zu machen, wo denn eigentlich die eigenen Fähigkeiten versteckt sind, sich einfach und direkt auszudrücken. Einfache und direkte Ausdrucksmittel kann man oft nur durch die eigenen, erlernten Eigenschaften und Verhaltensweisen finden, denn sie hat man perfektioniert, beherrscht man und muß sie sich nur einmal bewußt machen.

Spielübungen für die Suche nach dem eigenen Clown

1. Sammeln von Clownseigenschaften.

Ein Clown ist
naiv – pfiffig – schlagfertig – raffiniert – klug – ungeschickt – schüchtern – Prahlhans – Aufschneider – blöde – doof – tölpelhaft – melancholisch – weinerlich – beleidigt – lustig – pedantisch – ehrgeizig – verträumt – hysterisch – ängstlich – streitsüchtig – mitfühlend – neugierig – liebebedürftig – erstaunt.

2. Der Spieler sucht sich aus dieser Zusammenstellung die Eigenschaften heraus, von denen er meint, daß sie auf ihn zutreffen.

ungeschickt – ehrgeizig – neugierig
hysterisch – ängstlich – liebebedürftig

3. Die Mitspieler suchen die Begriffe heraus, bei denen sie meinen, daß sie den Eigenschaften des Spielers entsprechen.
ungeschickt – ehrgeizig – lustig
verträumt – hysterisch – liebebedürftig

4. Jetzt werden die Eigenschaften herausgenommen, die sich bei der Auswahl des Spielers und der Mitspieler decken.
ungeschickt – ehrgeizig – hysterisch – liebebedürftig

Mit diesen Eigenschaften beginnt der Spieler seine erste Clownsimprovisation, das Thema kann vorgegeben sein, die Eigenschaften des Clowns ändern sich je nach Themenkombination.

17) Der Clown mit dem Stuhl

1. Teil. Der Clown sieht einen Stuhl auf der Bühne und behandelt ihn als unbekannten Partner. Er hat noch nie einen Stuhl gesehen, noch nie auf einem Stuhl gesessen, kann sich überhaupt nicht vorstellen, was das da für ein Ding ist.

2. Teil: Er projiziert alle seine Wünsche auf diesen Stuhl, er hofft daß der Stuhl ein Auto ist, er hofft daß der Stuhl ein Lebewesen ist, mit dem er sich unterhalten kann, er hofft, daß der Stuhl ein Berg ist, den er besteigen kann, oder ein Tier, mit dem er spielen kann, ein Ruderboot oder vielleicht ein Partner, den er lieben kann, oder ein Pferd, das man reiten kann. Nichts funktioniert, es bleibt ein Stuhl, ein Objekt ohne eigenes Leben.

Pantomime: Die Frau besteigt den Stuhl.

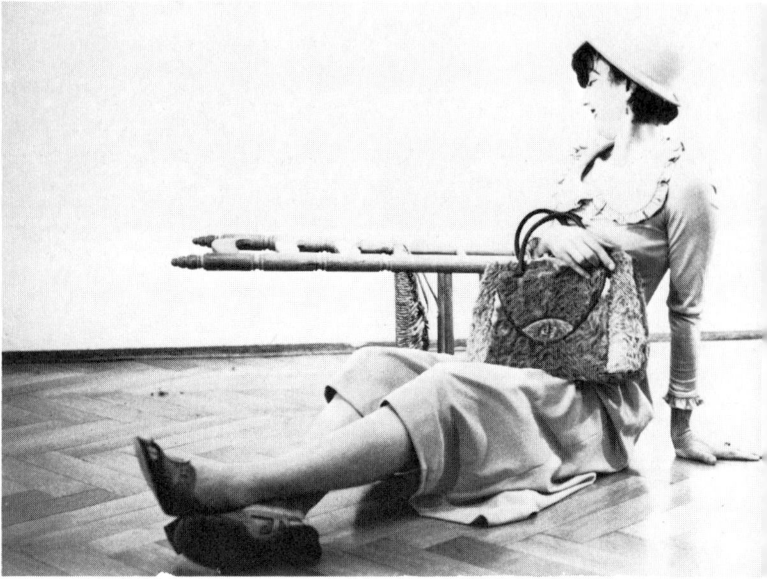

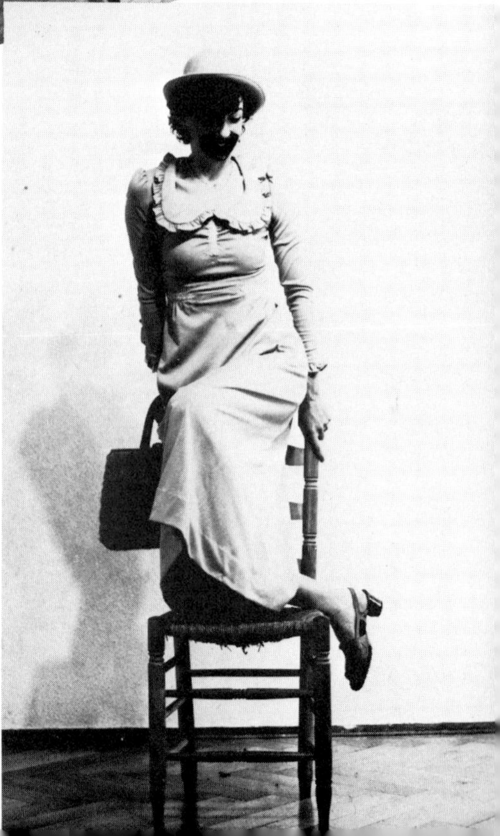

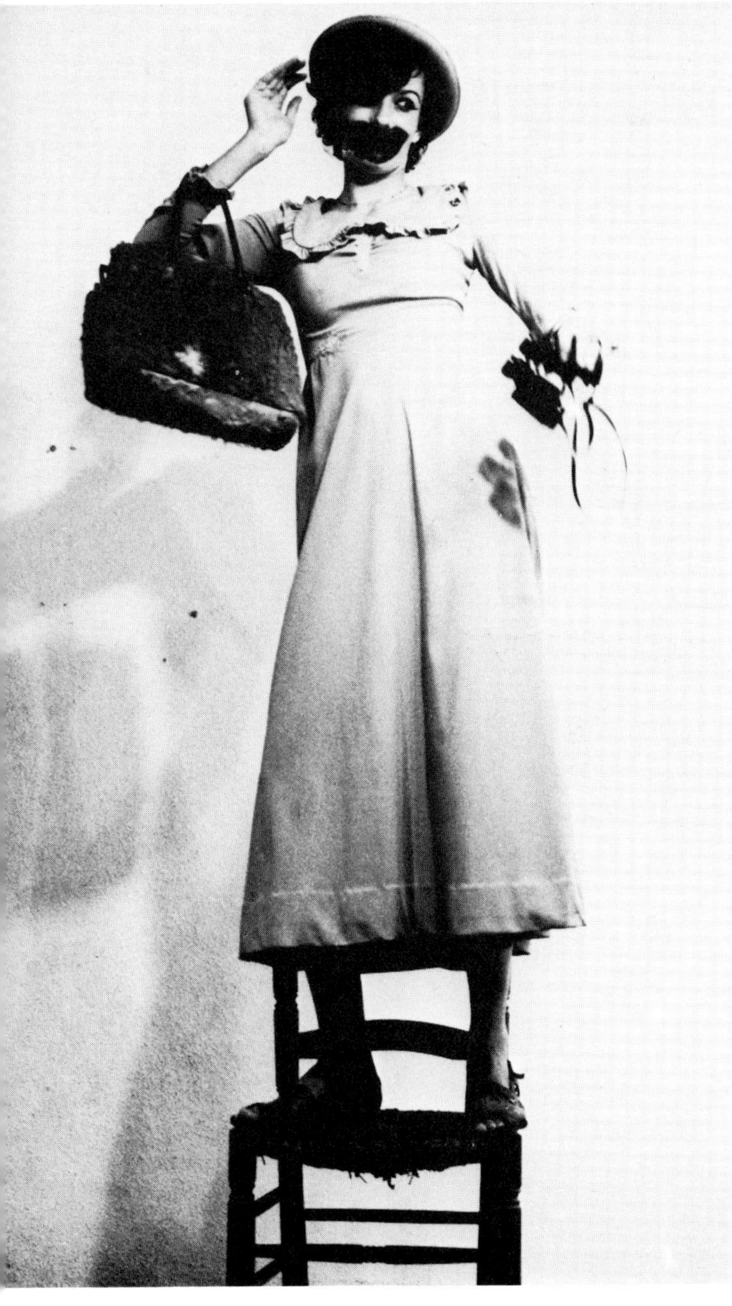

18) Das Spiel mit dem Lachen

Der Clown will seinen Partner zum Lachen bringen. Dazu muß er alle verschiedenen Arten des Lachens kennen. Die Aufgabe ist nun, durch das Spiel den Partner zu möglichst verschiedenen Formen des Lachens zu bewegen, dieser könnte dann: lachen aus Verlegenheit, lachen aus Freude, verschämt lachen, geziert lachen, aus Schadenfreude lachen, lachen aus Angst, hysterisch lachen, überlegen lachen, den Partner auslachen, verbittert lachen, dümmlich lachen, lustvoll lachen, usw.

Verschiedene Clownstypen
Narren, Harlequins, und Tölpel.
Wenn die Spieler ihre eigene Clownsfigur entwickelt haben, sollte man sich andere Figuren ansehen und das Clownsprinzip an bestehenden, bekannten Clownstypen ausprobieren.

Arlecchino – der pfiffige, gewitzte Diener
Pierrot – der melancholische Träumer
Hanswurst – der gefräßige alberne Wandergeselle
Till Eulenspiegel – der gewitzte Narr
dummer August – der naive Clown
weißer Clown – der intellektuelle Vorgesetzte.

VI. Improvisationen zur Fantasieschulung

19) Thema: Wie lerne ich meinen Partner kennen

Wir nehmen ein altes, beliebtes Thema, das von jedem Menschen – mit größerem oder kleinerem Erfolg – erlebt worden ist und in unzähligen Geschichten vorkommt. Trotzdem wird man feststellen, daß im ersten Augenblick nicht gleich Beispiele dazu einfallen. Wir müssen erst unser Erinnerungsvermögen bemühen, müssen uns Situationen vergegenwärtigen, die wir erlebt haben oder von anderen geschildert bekamen.

Der innere Monolog
Für dieses Thema können wir zwei Hilfsmittel hinzu nehmen, die das Spielen erleichtern und die Fantasie anregen. 1. Zwei weitere Spieler sprechen die Gedanken der Akteure und lenken damit auch die Spielhandlung. Diese Technik nennt man inneren Monolog. 2. Wir schreiben verschiedene Handlungsorte vor, denn auch sie beeinflussen die Annäherungsformen von Menschen.

In der Kneipe
Er denkt: Das Mädchen dahinten sieht eigentlich ganz gut aus, die möchte ich mal kennenlernen. Wie fang ich das bloß an? Ich sage einfach, daß ich Fotos von ihr machen will, nee ist blöd, oder ich lade sie ins Kino ein? Nee, ist zu auffällig.

Sie denkt: Was guckt mich der Typ dahinten eigentlich so intensiv an? Der spinnt wohl. Sieht eigentlich ganz gut aus, scheint interessiert zu sein.

Er denkt: Ehj, eben hat sie sogar rübergelächelt, ich haue sie mal um 'ne Zigarette an.

Geht zu ihr herüber.

Er: Hast du mal 'ne Zigarette?
Sie: Nee, ich rauche nicht.

Er: Bist du oft hier?
Er denkt: Mal sehen ob sie anbeißt.
Sie: Nee, ich gehe immer in den Leuchtturm.
Er denkt: Aha, sie scheint ja nicht abgeneigt zu sein.
Er: Leuchtturm ist Scheiße.
Sie denkt: Ganz schön frech der Typ, aber irgendwie nett.
Sie: Ja, aber hier ist es auch nicht besser.
Er denkt: Ich glaube, ich werd' ihr jetzt mal 'ne Cola ausgeben.
Er: Will'ste 'ne Cola?
Sie denkt: Na ja, mal sehen was bei dem dahintersteckt.
Sie: Von mir aus kannste eine bestellen.
usw.

Andere Orte für die Anmachszenen

Badeanstalt
Im Autobus
Auf dem Schulhof
Im Büro
Auf der Straße
In der Disko
Im Urlaub

20) Jugend – Alter – Tod

Das Thema Jugend, Alter, Tod ist interessant, um für verschiedene Altersphasen die speziellen Eigenschaften und Tätigkeiten herauszuentwickeln. In den Szenen drücken sich unterschiedliche Lebenserfahrungen und Haltungen aus, verschiedene Bewegungsformen, aber man wird feststellen, die Spieler behalten in allen Altersphasen den gleichen Bewegungscharakter bei. Man kann durch diese Übung den typischen Bewegungsausdruck eines Spielers sehr gut erkennen.

Kleinkinderalter: Das Kind liegt auf dem Rücken, strampelt mit den Beinen. Es richtet sich auf, lernt laufen, geht zu einem hohen Tisch, will dort etwas greifen, doch der Tisch ist zu hoch.

6 Jahre: Das Kind spielt draußen auf der Straße Hopse (auch Hinkelkasten genannt), es streitet sich mit seinen Freunden, wird hin und her geschubst. Läuft weg, kauft sich ein Eis.

9 Jahre: Es schnallt sich seinen Schulranzen um, hüpft munter in die Schule. Es sitzt in der Bank, meldet sich, wird nicht aufgerufen. Ist traurig. Meldet sich wieder. Antwortet falsch, sinkt betrübt zusammen. Es meldet sich wieder, hat wieder eine falsche Antwort, verliert die Lust am Unterricht. Es meldet sich lustlos, hat diesmal eine richtige Antwort, faßt wieder Mut.

Die Schulstunde ist zu Ende. Das Kind hüpft lustlos nach Hause.

14 Jahre: Das Mädchen steht vor dem Spiegel und kämmt sich, möchte weggehen. Sie muß aber erst den Tisch abräumen und abwaschen. Macht es trotzig, rennt dann hastig weg. Trifft ihre Freundin, sie zeigen sich Fotos, kichern dabei albern, tauschen die Fotos aus. Ein Junge geht vorbei, sie werden ernst und bewegen sich zurückhaltend. Als er weg ist, kichern sie wieder über ihre Fotos, gehen zu einem Kleidershop, nehmen sich Blusen und Pullover und halten sie sich vor, um zu sehen, ob sie passen.

25 Jahre: Sie wartet auf ihren Freund, der mit dem Zug ankommen soll. Hat Blumen gekauft. Der Zug hat Verspätung, sie sieht nervös auf die Uhr. Schließlich kommt der Zug, sie sucht ihren Freund, sieht ihn nicht. Geht traurig weg.

35 Jahre: Er liest Zeitung, schüttelt verständnislos den Kopf. Steht auf, geht auf die Straße, trifft einen Freund, sie diskutieren, er schüttelt den Kopf, geht weiter. Steht hinter einem Rednerpult und hält eine engagierte Rede.

45 Jahre: Coktailparty. Er scheint in hoher Verantwortung zu stehen, wird von den übrigen Gästen sehr beachtet, er grüßt unentwegt, bedankt sich, wird beglückwünscht, gibt seiner Frau einen Kuß.

75 Jahre: Er sitzt auf einer Bank, kann sich nur noch schwerfällig bewegen. Beobachtet verständnislos den hektischen Straßenverkehr. Steht mühsam auf, schlurft nach Hause, öffnet mit zitternder Hand die Tür, hat große Atemnot und atmet sehr schwer, läßt sich mühsam auf den Stuhl fallen und sinkt zusammen.

21) Vier Temperamente

Der Kunstmaler und sein Atelier

Der Phlegmatiker
Er baut seine Staffelei auf, legt sich seine Ölfarben zurecht, baut sich ein Stilleben auf. Er stellt eine Leinwand auf die Staffelei, fängt an zu gähnen, setzt sich auf einen Stuhl vor sein Motiv und schläft ein.

Der Melancholiker
Er beginnt sein Motiv auszuwählen, verfällt dabei in tiefe Depressionen, kann sich nicht entscheiden. Er baut die Staffelei auf, stellt die Leinwand auf, sieht dabei immer wieder zu seinem Motiv, verfällt in Melancholie, dann gibt er sich aber wieder einen Ruck, holt die Ölfarben, schraubt die Tuben auf, riecht an den Tuben und verfällt wieder in Depressionen. Schließlich begeistert ihn sein Motiv, er will anfangen zu malen, vertieft sich in das Farbenmischen, wird traurig und fängt an zu schluchzen, geht heulend ab.

Der Sanguiniker
Er baut sich eilig seine Staffelei auf, stellt ein Stilleben auf, ist begeistert von seinem Motiv. Danach holt er seine Leinwand, sieht immer wieder entzückt zu seinem Motiv hinüber, mischt sich die Farben an und drückt die Tuben hastig auf der Palette aus. Die Farbe bleibt an seiner Hand haften, er versucht sie abzuschütteln, dabei schleudern Spritzer auf die Leinwand. Er sieht die Farbe auf der Leinwand, ist entzückt, das Bild ist bereits fertig.

Der Choleriker
Er baut die Staffelei auf, die Staffelei klappt wieder zusammen. Er stellt sie wieder auf, geht zu seinem Motiv, die Staffelei klappt wieder zusammen. Er stellt sie wieder wütend auf, nimmt die Leinwand, knallt sie auf die Staffelei. Er holt die Farben, drückt die Tuben wütend auf der Palette aus, nimmt den Pinsel, rührt heftig die Farben an. Dann mißt er mit der Hand das Motiv optisch aus, überträgt es auf die Leinwand. Er mißt es mit dem Pinsel aus, beginnt ergriffen mit dem Pinsel in der Luft zu malen; es wird eine Fechtbewegung, macht einen Ausfallschritt vor und zurück, springt auf die

Leinwand zu und durchstößt mit dem Pinsel die Leinwand. Wütend reißt er die Leinwand von der Staffelei, wirft sie auf den Fußboden und stampft verärgert mit den Füßen drauf. Plötzlich hält der Künstler inne, sieht erstaunt auf die Leinwand, ist total begeistert von seinem Werk, er stellt es wieder auf die Staffelei und macht einen Freudentanz.

22) Metamorphosen

Ein Mann und eine Frau verwandeln sich in verschiedene Menschen, Objekte oder Tiere und zeigen damit unterschiedliche Beziehungen (Konstellationen) und lösen Assoziationen bei den Zuschauern aus, die Traumbildern gleichkommen. Der Fantasie der Spieler sind dabei keine Grenzen gesetzt.

Szene

Mann steht als Soldat vor einem Tor, typische Schritte einer Wache, die Frau kommt vorbei, versucht ihn abzulenken. Er läßt sich eine zeitlang nichts anmerken, wird dann wütend, verwandelt sich zum Löwen, brüllt, schleicht sich langsam an die Frau heran, sie läuft ängstlich weg. Es folgt eine Jagdszene, Löwe jagt Frau. Plötzlich bleibt die Frau stehen, schwingt eine Peitsche und brüllt den Löwen an. Der Löwe hält erstaunt inne, ein Dressurakt beginnt. Der Mann wird immer mehr zum Kleinkind, er lernt laufen, wird von der Frau gefüttert, bekommt einen Ball, wird zum Fußballstar, die Frau beginnt auch mit den Profibewegungen eines Nationalspielers zu spielen. Plötzlich nimmt der Mann eine Fernsteuerung und steuert die Frau als Flugzeug über den Fußballplatz. Nach einer Weile stürzt das Flugzeug ab, der Mann heult über das abgestürzte Flugzeug, doch die Frau richtet sich auf, nimmt ein Gewehr von der Schulter und erschießt den Mann. Der steht als Primaballerina wieder auf, trippelt auf der Spitze über die Bühne, die Frau legt wieder an, zielt auf die Primaballerina und erschießt auch sie. Er steht diesmal als Soldat auf, legt sein Gewehr an, springt in Deckung, legt sich auf den Boden, zielt auf die Frau und erschießt sie. Die Frau fällt auf den Boden. wackelt mit dem Kopf wie ein Vogel, steht als Vogel auf. Der Mann sieht den Vogel, wirft sein Gewehr weg und beginnt mit einem Balztanz um den Vogel herumzutanzen. Langsam verändern beide ihre Bewegungen, sie werden immer menschenähnlicher, so daß zum Schluß der Mann eine typische Angeberhaltung einnimmt und die Frau sich zierend von ihm wegwindet. Beide verbeugen sich, sie mit der großen Geste einer Opernsängerin und er wie ein Rocksänger, danach verbeugt sie sich wie ein Boxer, er wie ein Tänzer, beide gehen ab.

VII. Improvisationen zur Beobachtungsschulung

23) Paket auspacken

Die Szene erfüllt zwei Funktionen bei der Aneignung von Spieltechniken.
1. Der Spieler lernt mit imaginären Objekten umzugehen. Wie ziehe ich einen Mantel an? Wie falte ich einen Brief auseinander, wie öffne ich einen Pralinenkasten usw.
2. Der Spieler kann dabei sein Engagement zu den Objekten darstellen lernen und auch die Gefühle ausdrücken, die durch einen Gegenstand, der dem Paket entnommen wird, ausgelöst werden.

Das Paket wird voller Erwartung geöffnet, es liegt oben auf den Gegenständen ein Brief, der wird zur Seite gelegt, da ein wunderschönes Halstuch darunter zum Vorschein kommt. Er probiert das Halstuch an, bindet es wieder ab und legt es liebevoll wieder zusammen.

Er schaut wieder neugierig in das Paket, sieht einen zusammengefalteten Zeitungsausschnitt, faltet ihn auseinander, liest ihn, greift hastig zum Brief, öffnet den Brief und liest ihn voller Begeisterung. Vergleicht den Zeitungsabschnitt mit dem Brief und vollzieht Freudensprünge. Dann holt er eine Hose aus dem Paket, zieht sie sich an, findet sie aber schrecklich, zieht sie wieder aus, schaut in das Paket, zieht einen Expander heraus, trainiert ein wenig damit und lugt dabei neugierig ins Paket. Als letztes kommt ein Pralinenkasten zum Vorschein. Er öffnet ihn, ißt genießerisch die Pralinen, trainiert mit dem Expander dabei und liest den Brief zu Ende.

Man kann natürlich die verrücktesten Dinge aus einem Paket holen, diese Spielübung kann als Improvisation oft wiederholt werden. Es besteht die Möglichkeit, daß sich die Mitspieler beim Vorspielen eines anderen Spielers immer wieder neue Anregungen holen und dadurch immer ausgefallenere Sachen hervorgezaubert werden.

24) Der Pechvogel

Ein Musiker kommt auf die Bühne, begrüßt verschiedene Personen im Publikum. Die erste Person sehr feierlich, die zweite Person fröhlich, die dritte reserviert, die vierte entzückt, die fünfte ehrfürchtig.
Er holt seine Violine und beginnt zu spielen. Es kommt ein

Schmetterling angeflogen, setzt sich auf seine Violine, er versucht ihn zu verscheuchen, tritt schließlich mit dem Fuß, der Schmetterling fliegt weg. Er beginnt wieder zu spielen. Gleich

darauf kommt der Schmetterling zurück. Er versucht ihn wieder wegzuscheuchen, tritt mit dem Fuß und haut schließlich kräftig mit dem Bogen auf die Geige. Der Schmetterling fällt auf den Boden. Der Musiker freut sich über seinen Sieg, will

weiter spielen und stellt dabei fest, daß sein Bogen zerbrochen ist. Er legt die Violine zur Seite und holt von der anderen Seite der Bühne einen Flügel.

Er setzt sich umständlich an den Flügel, spielt eine schnelle Tonfolge und am Ende dieser Tonfolge ist ein starker Akkord, nach dem er vor Schmerz aufschreit und sich den Rücken hält. Er versucht aufzustehen, kommt aber kaum hoch, kriecht

zur Seite, ruft eine imaginäre Person herbei, die ihm in den Hintern tritt und ihn damit langsam wieder zum Stehen bringt. Er setzt sich wieder, spielt weiter und nach der

schnellen Tonfolge zögert er diesmal, hält die Hand noch abwartend in der Luft, spielt dann den starken Schlußakkord und verrenkt sich wieder den Rücken. Er kriecht wieder zur Seite, winkt nach der imaginären Person und

wird von ihr wiederum durch die Fußtritte kuriert. Jetzt wagt er aber nicht mehr weiterzuspielen, macht eine entsprechende Geste ins Publikum und geht zur Seite, holt eine elektrische Guitarre, stimmt sie und beginnt einen wild

mit dem Fuß gestampften Rhythmus zu spielen. Er hält nach einer Weile inne, dreht an den Knöpfen seines Verstärkers,

spielt weiter, stoppt wieder, dreht am Verstärker und bekommt einen elektrischen Schlag.

Nachdem er sich erholt hat, spielt er wieder auf der Guitarre, muß aber noch einmal am Verstärker nachregeln, er geht langsam zögernd mit der Hand auf den Verstärker zu, hat Angst die Knöpfe zu berühren, überwindet sich schließlich, bekommt erneut einen Schlag, läßt den Verstärker los, tanzt jedoch elektrisiert weiter. Dann verfängt er sich in dem Kabel seiner Guitarre, zittert unter dem Strom am ganzen Körper, führt einen fürchterlichen Veitstanz auf und zieht schließlich das Kabel aus dem Verstärker. Er entschuldigt sich bei seinem Publikum und geht geknickt, mit schlürfendem Schritt ab.

MENSCHEN IN VERSCHIEDENEN RÄUMEN UND UMGEBUNGEN

Die Verhaltensweisen verschiedener Personen verändern sich erheblich durch die Umgebungen, in denen sie sich befinden. Man definiert sich und seine Rollen in Beruf, Freizeit, Politik oder Urlaub an den bestehenden Verhaltensnormen, oder versucht von ihnen abzuweichen. Diese Normen werden von der Innenarchitektur oder der Kleidermode weitgehend vorgegeben, und sie müssen vom Pantomimen wahrgenommen und übersetzt werden.

25) In der Werkstatt

Die Bewegungen sind durch die Art der Tätigkeiten und durch den sozialen Status des Arbeiters bestimmt. Auch die Kleidung trägt zur Bewegungsdifferenzierung bei. Trägt der Spieler einen Kittel oder einen Hosenanzug, eine Latzhose oder eine Jeans mit Hemd, eine Schürze oder hat er einen nackten Oberkörper? Der Meister trägt oft sogar eine Krawatte, der Betriebsleiter einen weißen Kittel. Mit diesen verschiedenen Komponenten, die die Bewegung beeinflussen, kann man improvisieren und die Ursachen für die Veränderung des Bewegungscharakters deutlich machen.

26) In der Badeanstalt

Die Bewegungen werden auch hier sehr stark von den Kleidungsstücken beeinflußt, dazu kommt aber die Luft und die Sonne. Man will beides genießen, dreht sich unaufhörlich in die günstigste Position, aus welcher man die Sonne am besten auffangen kann. Man beobachtet die anderen Badegäste dabei, taxiert sie kritisch, nimmt Blickkontakte auf. Die Menschen begegnen sich offener, man verschließt sich weniger als in sonstigen Alltagssituationen.

27) Im Urlaub

Hier treffen die Verhaltensweisen aus der Badeanstalt natürlich auch zu, sie werden sogar noch deutlicher. Im Urlaub sind die Menschen noch aufgeschlossener füreinander. Auf dem Campingplatz tauscht man Gegenstände aus, fährt mal mit dem Schlauchboot des Nachbarn, leiht sich Milch oder Zucker oder benutzt die Schwimmflossen des anderen. Wenn man sich mehrere Male am Tag begegnet, im Cafe oder beim Schaufensterbummel, kommt man schon miteinander ins Gespräch. Auch interne Familienkonflikte werden offener ausgetragen als zu Hause in der alltäglichen Situation, beim Einkaufen zum Beispiel.

28) Im Autobus

Hier kann man beobachten, wie sich die Verhaltensweisen der Menschen je nach der Tageszeit verändern. Fahren die Leute zur Arbeit, zur Schule oder in die Universität, oder kommen sie von der Arbeit usw.? Fahren sie sonnabends zum Einkaufen? Oder kommen sie vom Einkaufen? Fahren sie sonntags ins Grüne oder kommen sie von dort? Fahren sie vielleicht sonnabends am Abend in die Diskothek oder wochentags zum Zahnarzt? Durch diese Szenen wird wohl schon deutlich, wie unterschiedlich Verhaltensweisen ein und derselben Person sein können, nur bestimmt durch die verschiedenen Situationen, in denen man sich befindet.

29) U-Bahn — oder die Fahrt durch eine Stadt

Eine ähnliche Übung kann eine U-Bahnfahrt sein. Es steigen Menschen ein und aus. Die Zusammensetzung wird sehr oft durch die örtliche Situation bestimmt, in der sich die Haltestelle befindet. Ist die Haltestelle in einem Arbeiterbezirk, oder in einer City, oder in einem Universitätsviertel, einem Villenviertel usw., dann kann man sich eine Route festlegen und die Veränderung des U-Bahnpublikums durch Aus- und Einsteigen spielen.

30) In der Kneipe

Ein interessantes Thema ist auch ein Tagesablauf in einer Eckkneipe. Morgens kommen die Lieferanten, Arbeitslosen und Rentner, kippen einen Kurzen, oder trinken einen Kaffee, oder ein kaltes Getränk. Vielleicht kommen auch Schulkinder und kaufen ein Eis. Mittags kommen einige Angestellte und nehmen ihr Mittagessen ein, und abends wird es gemütlich, wandelt sich die Athmosphäre zu einer Stammkneipe. Je mehr die Stunden fortschreiten, desto alkoholbeseelter ist das Publikum. Der Wirt und die Wirtin müssen Streit schlichten, sich Probleme anhören oder Antworten für Konflikte finden.

31) Im Speiserestaurant

Thema: Vornehmes Publikum. Hier ist noch das alte, traditionelle Rollenverhalten zwischen Mann und Frau anzutreffen. Der Mann hilft der Frau aus dem Mantel, rückt ihr den Stuhl zurecht, übernimmt die Bestellung und bezahlt natürlich. Man unterhält sich im gedämpften Ton, die Frau geht mindestens einmal vor dem Essen und einmal nach dem Essen zur Toilette, um Schminke und Haare zu korrigieren. Der Kellner verfolgt mit aufmerksamem Blick die Verhaltensweisen der Gäste, um daraus Wünsche für weitere Bestellungen ablesen zu können. Die Gäste beobachten sich unbemerkt gegenseitig, Blicke streifen sich nur flüchtig. Wenn man viel Zeit hat, genießt man die sorgfältig ausgewählten Getränke oder ißt ein aufwendiges Dessert. Es gibt aber auch Gäste, die weniger Zeit haben. Sie vollziehen diesen Prozeß hastiger, befinden sich vielleicht in dem Konflikt, einerseits dieses Ritual einhalten zu wollen, aber andererseits eigentlich nicht so viel Zeit dafür zu haben. Dies kann eine sehr lustige Variante des Themas ein.

32) In der Fabrikkantine

Oftmals ist es in den Kantinen so, daß Arbeiter und Angestellte an verschiedenen Tischen essen. Blaukittel und Weißkittel haben auch unterschiedliche Verhaltensweisen, denn sie befinden sich durch die Art der Arbeit und durch den unterschiedlichen sozialen Status in einer anderen Situation. Unterschiede herauszuarbeiten kann eine Möglichkeit dieser Improvisation sein.

33) In der Diskothek

In der Diskothek wird die Unterhaltung der Jugendlichen sehr stark durch die Lautstärke der Musik verhindert. Der Tanz führt zur Vereinzelung und zur Isolation. Alkohol wird zur Betäubung der Sinne eingesetzt, oder um sich Mut zu machen, einen Partner anzusprechen. So wird der Tanz, das Flipperspiel, der Alkoholkonsum zur Kompensationshandlung für den fehlenden Partnerkontakt. Dies kann sich bei der Improvisation im Spiel deutlich zeigen. Ein Junge kommt herein, bestellt sich ein Bier, spricht ein Mädchen an, fragt es nach Feuer. Es lehnt ab, geht auf einen anderen Platz. Er schüttet ärgerlich sein Bier runter, geht auf die Tanzfläche, tanzt für sich allein, macht beim Tanzen ein Mädchen an, das Mädchen tanzt in eine andere Richtung weiter. Er geht daraufhin zum Flipper und flippert aggressiv, so daß der Apparat fast auseinanderfällt.

Da man sich in einer dunklen Diskothek, in der man sich kaum akustisch verständigen kann, sehr stark nicht-verbal durch Gesten und Haltungen ausdrücken muß, kommen auch bestimmte Typisierungen von Eigenschaften besonders stark zur Geltung. Es sollen hier einmal die stark klischeehaften, überzeichneten Charaktere beschrieben werden, die sicher eine Verallgemeinerung von Vorurteilen sind, die bei einem einzelnen Menschen nie zutreffen, aber als Karikatur können sie, glaube ich, ruhig verwendet werden.

34) Typen in der Disko

Verklemmter Typ, Anmacher-Typ, Disko-Mieze, Heißer Typ, Heiße Braut, Komiker, Ausgeflippter, zickige Type, Obermacker, Boß, naive Tante, raffiniertes Biest, Emanze, Softy-Typ, Intellektueller, Anmachfrau, Bettvorleger, Teddybär.
Aus diesen Figuren kann man gut Paare bilden.

35) Ein Fahrstuhl bleibt stecken

In einem Hochhaus steigen verschiedene Personen in einen Fahrstuhl. Die Figuren müssen vor dem Spiel genau durchgezeichnet werden, damit in der Improvisation entsprechend

reagiert werden kann. Die Menschen nehmen voneinander keine Notiz. Alle blicken in eine andere Richtung, obwohl sie ja dichtgedrängt auf engstem Raum stehen.
Plötzlich stockt der Fahrstuhl, es bildet sich sofort ein Organisator heraus, er drückt auf die unterschiedlichen Knöpfe, wird immer nervöser, drückt auf die Knöpfe, schließlich auf den Alarmknopf. Nichts passiert.
Im Laufe der Zeit wird die Luft stickiger, die Personen reagieren unterschiedlich darauf. Der Student bleibt bis zum Schluß reserviert kühl, der Organisator hektisch, die Mutter, die zu ihrem Kind muß, jammert. Der Professor, der zu seiner Vorlesung muß, reagiert nervös, eine Frau fällt schließlich in Ohnmacht. Man wedelt sich gegenseitig Luft zu, lockert die Kleidung etwas, der Professor ruft nach dem Hausmeister. Alle sitzen bereits auf dem Boden, nur der Student und der Professor behalten die Fassung. Endlich, eine Antwort, der Hausmeister hat die Situation wahrgenommen. Erleichterung bei allen, aber immer noch eine gespannte Situation, denn man weiß nicht, ob die Technik schnell in Ordnung zu bringen ist. Es dauert wieder eine Weile, die Spannung wächst, dann endlich setzt sich der Fahrstuhl in Bewegung, eine große Erleichterung tritt ein, die Tür öffnet sich.

BERUFE UND DER EINFLUSS AUF GESTE UND HALTUNG

Der Mann aus der Verwaltung mit seiner Aktentasche, oder seinen Akten unter dem Arm, kann die Armhaltung beibehalten, auch wenn er seine Akten längst weggelegt hat. Die Haltung mit dem eingeklemmten Arm und der schrägen Schulter symbolisiert den Büromenschen, der den ganzen Tag in gekrümmter Haltung am Schreibtisch sitzt, oder sich mit seinen Akten beschäftigt.
Ein Straßenarbeiter, der den ganzen Tag mit Spitzhacke und Schaufel arbeitet, wird eine viel kraftvollere Bewegung haben, wenn er mit seinem Einkaufswagen durch den Supermarkt fährt. Das Mannequin, das sich täglich zur Schau stellt und mit ihren Bewegungen Textilien vorstellen muß, wird viel be-

wußtere Bewegungen ausführen, als eine Erzieherin, die sich den ganzen Tag mit Kindern beschäftigt hat. Ein Boxer hat sicherlich auch mehr Bewegungsbewußtsein als ein Universitätsprofessor, der sich mit seinen wissenschaftlichen Arbeiten befaßt hat. Er geht immer noch gedankenversunken durch den Supermarkt, sucht einige Gegenstände aus, ist aber in Gedanken immer noch auf andere Dinge konzentriert. Der Kellner wiederum hat es gelernt, zwischen offizieller und privater Geste zu unterscheiden. Auch der Schauspieler spielt sehr gern mit diesen beiden Verhaltensebenen, noch stärker fällt dieses Spiel bei Opernsängern oder Tänzern auf.
Man kann also sagen, daß die Einflüsse der Berufe auf Bewegungen und Gesten vor allen Dingen durch drei Faktoren bewirkt werden:

1. Durch die körperliche Arbeit und ihre Umstände.
2. Durch geistige Arbeit, oder Administrationsarbeit am Schreibtisch.
3. Durch das Erlernen offizieller Gesten und Verhaltensweisen, die das private Verhalten kaschieren, z. B. bei Verkäufern, Kellnern, Richtern, Mannequins, Polizisten, Beamten, Professoren, Politikern usw.

VIII. Menschen und Tiere

Wenn man im Zoologischen Garten die Menschen beobachtet, wie sie vor den Käfigen stehen und den Tieren zusehen, kann man feststellen, daß manche Menschen langsam, kaum merklich die Haltungen der Tiere einnehmen, oder einzelne Bewegungen nachmachen.
Beispiele: Vor dem Vogelgehege. Vor dem Affenhaus. Das Kauen eines Lamas, der Blick eines Löwen, das Hin- und Herschleichen eines Tigers, das wohlige Liegen eines Seelöwen.
Eine andere Beobachtung kann man machen, wenn man sich Hunde und ihre Besitzer ansieht. Oft wählen Hundebesitzer die Hunde nach ihrem eigenen Ebenbild aus.
Der Dackeltyp fällt mir sofort ein, der kleine lebendige Mann mit den aufgeregten Trippelschritten. Der langbeinige Windhundtyp, oder der bullige Boxertyp. Der trottende Settertyp oder die ausgeflippte Frau mit dem exotischen Pekinesen. Die Modefrau mit dem Afghanen, oder das Püppchen mit dem Pudel, usw.
Wir können jetzt die Tierbewegungen und Laute benutzen, um sie mit menschlichen Verhaltensweisen und Gesten zu vermischen. Durch diese Verfremdung wird man auf Eigenschaften und gewohntes Verhalten verschiedener Menschen deutlicher hingewiesen und bei ihrer Wahrnehmung sensibler.

36) Tiermenschen im Büro

Eine Sachbearbeiterin	=	Ente
Eine Sekretärin	=	Huhn
Ein Sachbearbeiter	=	Hund
Ein Abteilungsleiter	=	Löwe

Die Sachbearbeiterin und die Sekretärin kommen in den Raum. Beide stellen sich erst einmal mit Bewegung und Lauten vor. Gagagagagaga, die Ente, mit watschelndem Gang und

tocktoktoktoktoktooooooocktok, das Huhn mit einem Stechschritt. Beide ziehen ihre Mäntel aus und ordnen ihre Akten auf den Schreibtischen. Der Abteilungsleiter kommt im schwerfälligen Löwenschritt herein und knurrt ein grimmiges „Morgen", sieht auf den leeren Schreibtisch des Sachbearbeiters und knurrt: „Ja, ja, typisch, Müller ist mal wieder nicht da".
Müller taucht auf, kommt im Laufschritt hereingehetzt, läuft erst einmal von rechts nach links durch den Raum, winselt und jault, bleibt gehorsam vor dem Abteilungsleiter stehen. Der knurrt ihn an. Müller winselt eine Entschuldigung und trabt zu seinem Schreibtisch, ordnet seine Akten.
Kaum ist der Abteilungsleiter hinausgegangen, bellt Müller fröhlich vor sich hin und fragt die Sekretärin, ob sie nicht ein Käffchen machen könne.
Sie steht gackernd auf, läuft im Stechschritt zu ihm herüber, läuft zur Kaffeemaschine, schüttet Wasser hinein, holt Tassen. Der Abteilungsleiter kommt mit lautem Brüllen zurück. Alle sind sofort in gedrückter Stimmung. Die Sekretärin verteilt mit leisem „Gaaaaaaaaagaaaaaaa gaaaaaag" die Tassen und holt den Kaffee, schenkt allen ein. Die Ente springt mit aufgeregtem „natnnaaatnatnat" auf und holt den vergessenen Zucker im Watschelgang, löffelt jedem noch etwas Zucker in den Kaffee, es folgen unterschiedliche Reaktionen. Der Hund will keinen Zucker, der Löwe will mehr, brüllt entsprechend, das Huhn bedankt sich überschwenglich mit einem Gackern.
Die Tür öffnet sich, ein neuer Kollege stellt sich vor. Herr Harms, ein Affe. Er springt aufgeregt von einem zum anderen, stellt sich mit juchzenden Lauten vor, Harms, Harms, Harms, Ja, ja, ja üjeu, ühjeu, ühhh, ühhh". Erst beim Löwen wird er ruhiger, geht in die Knie, beugt seinen Rücken, nimmt die typische Affenhaltung an. Der Löwe gähnt ihn fürchterlich an und knurrt mal kurz. Daraufhin geht Harms im typischen Affenschritt wieder zu den anderen Kollegen und verabschiedet sich affenartig.

IX. Mitspieltheater

Alle bisher aufgeführten Übungen gingen von der konkreten Vorstellung verschiedener Räume, Personen oder Objekte aus. Aus diesen Vorstellungen entwickelten wir Spiele, Szenen, Situationen, die mit verschiedenen Bewegungs- und Darstellungstechniken in die szenische Darstellung umgesetzt wurden.
Es soll nun eine Technik beschrieben werden, die den Körper mit seinen Bewegungs- und Ausdrucksformen zum Hauptgegenstand nimmt und ausgehend von seinen Möglichkeiten Spielthemen und Handlungen, Ereignissen sich entwickeln läßt.
Das Living Theater kam anfang der 70er Jahre aus New York und vermittelte eine Form von Bewegungstheater, das alle Kategorien der Pantomime erst einmal in Frage stellte. Die Bewegungsübungen wurden zum großen Teil aus Yogaübungen entwickelt, der Körper war ein Instrument, daß durch keine Formvorstellung eingeengt war, alles war möglich, was das Anliegen verdeutlichte. Die Spieler entwickelten eine Sensibilität für das Gruppenspiel, für die Partnerdarstellung auf der Bühne, die uns neu und für viele aufregend war. Lis, ein Schauspieler aus der Gruppe, hat für die Sensibilisierung des Zusammenspieles in der Gruppe eine Bewegungsübung entwickelt, die jetzt beschrieben werden soll.

37) Lis pieces

Die Gruppe teilt sich in zwei Hälften auf und stellt sich im Raum gegenüber, in zwei Reihen auf. Ein Spieler beginnt mit einer Improvisation, bei der Bewegung und Laut miteinander verbunden sein sollen. Bewegung und Laut können synchron miteinander sein, können sich ergänzen oder auch einander widersprechen, aber es soll darauf geachtet werden, daß beide verwendet werden. Spieler A entwickelt nun eine Bewegungs- und Lautvariation. Hält sich z. B. das Bein fest und schreit Au, au, au, au! Mit dieser Figur geht er auf die andere Seite zu den Mitspielern und spielt deutlich einen Mitspieler an. Dieser übernimmt die Bewegung und den Laut, beide drehen sich zwei-, dreimal umeinander, Spieler A reiht sich in

die Reihe ein, nimmt den Platz von Spieler B ein, und dieser verändert die Bewegung, den Laut oder beides. Er nimmt z. B. den Arm vom Bein, schüttelt die Hand aus und sagt ganz leise Au, au, au, au, dann streckt er die Hand und schwingt die gestreckte Hand vor dem Körper hin und her, aus dem Au wird ein Eu, eu, eu, eu. Damit spielt er den Spieler C an, beide führen die Bewegung umeinander herumgehend weiter, B bleibt in der Reihe, C geht wieder in den Raum und verändert plötzlich Laut und Bewegung, indem er einen Sprung zur Seite macht und ein lautes, erstauntes „Ohhhh“ ausruft. Dann blickt er in die Runde, springt plötzlich wieder, mit einem lauten „Ohhh“, zur Seite. Diese Variationen werden immer weiter getrieben, bis sich eine Figur entwickelt, die allen Mitspielern

so gut gefällt, daß sie mit einstimmen und alle Spieler die gleiche Bewegung ausführen und den gleichen Laut ausstoßen. Diese Situation bleibt eine Weile, dann können die Mitspieler eine partnerbezogene Variation auf diese Figur entwickeln, so daß ein großes Mitspiel entsteht.
Wir haben 1970 in Berlin mit dem Theater Zentrifuge nach dieser Technik ein Mitspieltheater entwickelt, bei dem sich interessante Formen des Zusammenspieles zwischen Akteuren und dem Publikum ergeben haben. Es sollen hier zwei Protokolle aus dieser Zeit unverändert abgedruckt werden, um einen Eindruck auch von dem Experimentiercharakter der Veranstaltungen zu vermitteln.

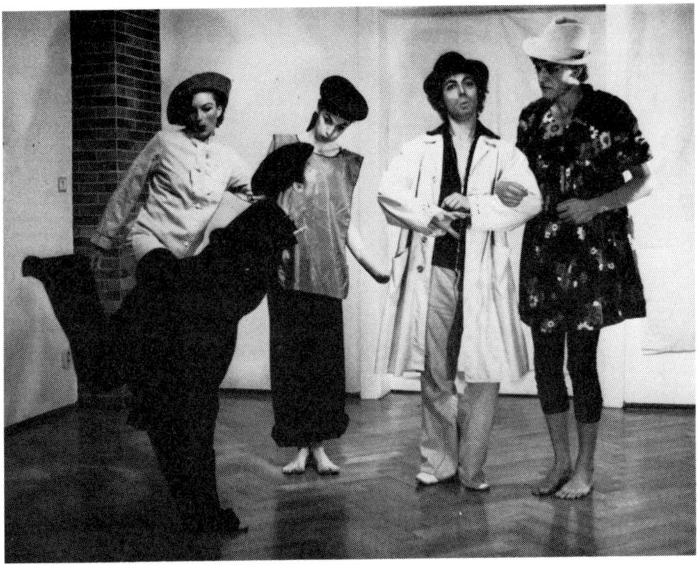

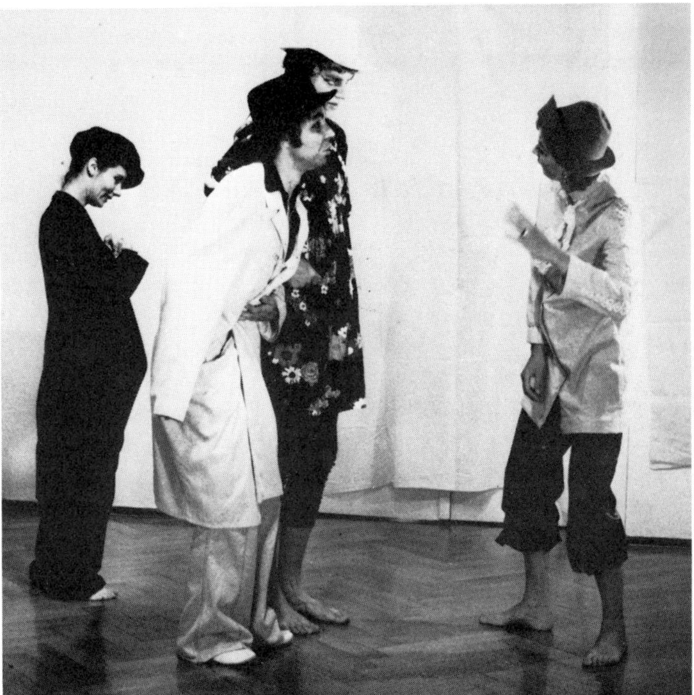

ZWEI MITSPIELE DES THEATERS „ZENTRIFUGE“

38) Der Gasmann in der Sauna

„So, wir sind jetzt genug Zuschauer, wir können jetzt anfangen.“ 22.15 Uhr in der Zentrifuge, ca. 12–15 Personen versammeln sich in dem kleinen Theaterraum und wissen genauso wenig wie ich, was sie unter dem Titel „Improvisationen, Spiele mit Objekten“ zu erwarten haben.

Nach einer gewissen Wartezeit beginnen die Mitglieder der Pantomimengruppe echte Improvisationen auf der Bühne zu entwickeln. Es ist erstaunlich, mit welch hohem Grad von Sensibilität dabei gearbeitet wird. Jeder geht sofort auf die Aktion des anderen ein, auch wenn diese oft nur in Ansätzen zu erkennen sind, und es entwickelt sich ein intensives Spiel, kein Handlungsablauf im üblichen Sinne.

Wir bekommen hier keine fertigen Geschichten vorgesetzt, die wir verpackt nur noch zu konsumieren brauchen. Der Zuschauer muß hier mitdenken, es muß sich ein intensiver Assoziationsprozeß in Gang setzen, der bei den Schauspielern meist schon von Anfang an vorhanden ist, der sich bei den Zuschauern aber auch langsam entwickelt. Es dauert auch nicht lange, bis verschiedene Zuschauer zuerst verbal in das Spiel eingreifen, worauf die Schauspieler sofort reagieren. Das alles geschieht vorerst ohne Worte, also ohne unsere von Vorurteilen und Assoziationen beladene Sprache, die den Dialog zwischen Publikum und Schauspielern bald in eine Sackgasse führen würde! Laute, Wortfetzen oder nachgemachte Tiergeräusche bilden die Grundlagen des „Gesprächs“, bei dem sich bald auch eine hohe Sensibilität bei den Zuschauern herausbildete. Die Schauspieler forcieren diesen Dialog, im richtigen Augenblick gehen sie dann von der Bühne und wagen den zweiten Schritt zum direkten Gespräch mit Worten und Sätzen.

Die Zuschauer erhalten „Aufgaben“, die sie sich aber auch selber stellen oder nach ihren Vorstellungen umformen können. „Du bist jetzt Zahnarzt; die Leute haben ja alle viel zu viele Zähne, geh und zieh den Leuten welche raus!“ Es werden Zähne, unter riesigem Gebrüll des Patienten, gezogen. „Alle Zahnärzte sind Sadisten.“ Gas strömt nach der Meinung eines Zuschauers aus. Sofort übernehmen zwei Personen die Rolle des Gasmannes. Es entwickelt sich eine Diskussion zwischen den beiden Gasmännern, wer denn nun kompetent sei und den Schaden reparieren dürfe. In der Zwischenzeit haben einige die Bühne zu einer Sauna erklärt, andere ziehen sich ein paar Sachen aus, „es ist ja furchtbar heiß hier". In einem großen Waschkessel wird permanent Wasser herangeschafft, das dann unter Gejohle über den Köpfen der Saunabesucher ausgegossen wird. Das Spiel wiederholt sich einige Male, dann, wieder im richtigen Augenblick, stellen die Schauspieler Fragen über den Sinn des eben Gespielten. Es entsteht eine Diskussion. „Warum habe ich mich in der Situation so und nicht anders verhalten?" Und das ist das Interessanteste und Wichtigste an diesen Spielen mit den Zuschauern: das Erkennen der eigenen Rolle und das Verhalten in bestimmten Situationen.

Frage: Sind Eure Improvisationen in der Grundstruktur jedesmal ähnlich?

Antw.: Es können ganz unterschiedliche Sachen dabei herauskommen, so zum Beispiel eine stumme Geschichte mit viel Pausen oder ganz laute Szenen, wie eine Oper, die innerhalb einer Improvisation entstand oder daß die ganze Bühne auseinandergenommen wurde. Es entwickelt sich also jeden Abend anders. Wir treffen allerdings gewisse Abmachungen, wie ohne oder mit Requisiten, es kann sich aber auch trotz dieser Absprachen wieder ganz anders entwickeln.

Frage: Wie sehen Eure Überlegungen aus, wenn sich Eure Spiele auf das aktive Mitspielen der Zuschauer konzentrieren?

Antw.: Jemand, der mit einer vorgefaßten Verhaltensform als Zuschauer herkommt und diese „Zuschauerrolle" jetzt verlassen muß um mitzuspielen, der gezwungen wird, seine Verhaltensform zu verändern, vielleicht wird er diese Änderung auch in der Rolle, die er in der Gesellschaft spielt, vornehmen können. Man kann hier also das Spielen mit seinem Rollenverhalten erlernen. Das wäre ein Gedanke; man kann zeigen, wie stark jemand zu beeinflussen ist in einem solchen Spiel, das müßte dann in der sich anschließenden Diskussion aufgedeckt werden. Oder man manipuliert so stark und übertrieben, daß sich der Zuschauer dagegen auflehnt und es sich nicht gefallen läßt.

Unsere verhältnismäßig hohe Guckkastenbühne ist auch absichtlich als Barriere gedacht, die im Laufe des Abends über-

wunden werden soll. Es wäre einfach zu leicht und keine modellhafte Situation, wenn wir hier schon diese Barriere wegnehmen würden. So kommen die Zuschauer in ein traditionelles Theater, sollen sich aber untraditionell verhalten.
Wichtig beim Improvisationstheater ist außerdem, daß man hier plötzlich Theater wirklich „Live" und als „machbar" erlebt, daß der Zuschauer, ähnlich wie bei „Wettbewerbs-" und „Gesellschaftsspielen", beim Aufbauprozeß teilnimmt und ihn auch jederzeit nach seinen Wünschen verändern kann.
Es ist also ein durchaus neues Theatererlebnis, was ein bißchen am Sport orientiert ist.
Das Mitspielen, das Reagieren auf das, was auf der Bühne passiert, ist ja an sich das normale Verhalten im Theater, es wird nur im heutigen Theater durch den äußeren Rahmen unterdrückt. Dieser äußere Rahmen fördert die selektive Betrachtungsweise, z. B. Nachrichten von Massakern in Vietnam oder Biafra, nur noch verstandesmäßig zu begreifen und intellektuell einzuordnen, aber nicht emotional zu reagieren. Die Emotionen wären zu stark, sie werden verdrängt, und nur noch die rationale Verarbeitung wird zugelassen.

39) Basso ostinato

Mitspielprotokoll einer Aufführung am 18. 4. 1970

21.30 Uhr – Einlaß

E. ist schon auf der Bühne. Er sitzt im Profil zu den Zuschauern und klopft mit den Knöcheln auf den Boden. Er wird nicht beachtet.
K. kommt dazu. Er kriecht über die Bühne, klopft den Boden abwechselnd mit je einer Hand ab, scheint auf Reaktionen des Klopfens zu warten.
Die Szene ist überlagert von langgezogenen Flötentönen.
V. kommt mit einem Tambourin dazu.

22.00 Die Zuschauer beginnen sich auf die Bühnenaktionen zu konzentrieren. Der Rhythmus des Klopfens steigert sich sachte, dazu ein Klangteppich aus diversen Instrumenten (Flöten, Vogelgezwitscher) und Kopfstimmen. Einzelne Laute erheben sich über den simplen und leisen Rhythmus. Ein „Kuckuck" wird belacht.

22.05 Jetzt sind etwa 30 Zuschauer im Raum.
K. liegt inzwischen auf der Bühne. Der Rhythmus wird schwerer und eher „free".
Die Flöte führt die Melodie-Instrumente. Die Zuschauer sind mittlerweile sehr gespannt.

22.07 K's Ansage, es handele sich hier um „Improvisationstheater" etc. wird vom Publikum neutral aufgenommen. Nach wie vor Aufmerksamkeit.

22.10 Das Licht im Zuschauerraum geht aus. Das Publikum beginnt verstärkt in den Rhythmus einzusteigen. Die Situation hat sich durch die Dunkelheit nicht verändert, nur intensiviert. Die Spieler heulen und bellen, skandiert zum Rhythmus. Antworten durch Klopfen von der Tribüne. Eine Mundharmonika kommt hinzu. Der Rhythmus wird stärker.

22.15 Rhythmus reduziert sich plötzlich, es beginnt eine sehr ruhige, leise Phase, Spieler im Sprechgesang: „Good morning," sehr melodiös. Erste Motzreaktionen im Publikum: „Guten Abend." Es beginnt ein Grommolo-„Hörspiel" (Grommolosprache).
Verfremdete Sprache und veränderte Stimmlagen. Es wird sehr hektisch. Ein Zuschauer leuchtet die Bühne mit einer Taschenlampe ab.

22.18 Etwa 40 Leute sind im Saal. Die Konzentration reißt ab, Pfiffe, Unmut, Heulen, Kreischen, ekstatische Ausbrüche.

22.24 Die Spieler versuchen zu steuern, ein langgezogener Zischlaut erreicht Ruhe unter den Zuschauern. Zuschauer versuchen sich auf einen Rhythmus zu einigen.

22.27 Spieler sind wieder auf die Bühne gegangen, schöne Posen, Gruppenbilder, die Zeitlupenbewegungen werden sehr ästhetisch. Ein Zuschauer geht ans Klavier (verläßt es erst am Ende des Spiels). Klavier mit basso ostinato und monotomem Rhythmus aus wenigen Akkorden.

22.30 Sehr große Konzentration beim Publikum. Scheinwerfer wird ins Publikum gerichtet. Bewegungen werden aufgelöst. E. und K. Zeitlupe mit erhobenem Zeigefinger.

V. und O. mit schlaffen entspannten Bewegungen. Der Rest stemmt sich gegen die Wand. Aufladen!

22.35 Große Konzentration.
Beginn der „Bodenübungen" (Es werden alle Positionen vom Liegen, über Knien, Hocken, gebeugt Stehen variiert). Langsame Bewegungen, immer noch vom Klavier begleitet.

22.40 Das Klavier verfällt in eine noch langsamere Phase, daraufhin werden die Spieler sehr aktiv, lautes Rufen und Durcheinanderrennen. Die Phasenverschiebung zwischen Klavier und den Spielern wirkt sehr dynamisch. Spiel zwischen Akteuren und dem Klavier.

22.41 Versuch eines Zuschauers einzusteigen.
Er geht auf die Bühne mit einer Rose in der Hand. O. umschleicht ihn mit Zischlauten. Zuschauer fühlt sich isoliert, verläßt die Bühne.

22.42 Spieler einigen sich auf schnelle mechanische Bewegungen. Der Zuschauer kommt wieder, die Rose liegt auf einem Blechteller.

22.45 K. verteilt Schnüre vom Blechteller, geht damit durch das Publikum, die Schnüre werden angenommen, man bindet sich aneinander fest, spielt mit den Schnüren.

22.53 Strohhalme werden verteilt. Begrüßungsritual. Spieler schütteln sich ausgiebig die Hände, machen beschwichtigende Bewegungen, geben sich jovial.
O. benutzt die Strohhalme als Gehirnsonde, geht damit durchs Publikum. Die Konzentration läßt infolge unkoordinierter Einzelaktionen nach.

23.03 Die Spieler spielen eher unter sich. Der Rhythmus steigert sich unter der Führung eines als Trommel benutzten Waschkessels. Einzelne Zuschauer klopfen übermäßig laut, aggressiv. Einzelunterhaltungen im Publikum.

23.15 Appell: Alle von den Tribünen runterkommen!
Der überwiegende Teil der Zuschauer macht sofort mit. Der Versuch einen „Schweretest" zu machen, geht in einem Sprechchor unter „Schweretest, Schweretest . . ."

Ein Kreis von 15 Zuschauern und Spielern haken sich unter. Versuch, zu einem leisen Summton zu kommen und dabei gemeinsam in die Knie zu gehen. Von außen starker Rhythmus und hektisches Springen.

23.20 Fast alle Zuschauer sind in den Kreis integriert.
Das hektische Springen läuft sich tot, es setzt sich ein ruhiger gregorianischer Gesang durch.
Das Licht wird dunkler. Es entsteht eine fast liturgische Form. Wechselgesänge. Kurze Konzentration.
Dann Durchsage: „Herr Hölters, bitte zum Telefon".

23.30 Vorschläge im Sprechgesang, die Diskussion zu singen, Herr Schütz (damaliger Berliner Bürgermeister) als Diskussionsleiter. Thesen werden verbreitet. Wir brauchen die Wissenschaft, Chemie, Physik. Chemische Formeln werden rezitativ gesungen. Sehr gelöste Atmosphäre.

23.46 Beginn der Diskussion.

BEWEGUNGSTECHNIKEN FÜR DAS MITSPIELTHEATER

Die beschriebenen Aufführungen des Mitspieltheaters basierten auf einem großen Erfahrungsschatz der Gruppe im Bewegungstraining und im Bereich der Improvisationen. Es wird aufgefallen sein, daß viele in diesem Buch beschriebene Übungen in den Spielen auftauchten. Die Gruppe arbeitete nach der Decoux'schen Pantomimentechnik und mit Improvisationsübungen des Living Theaters. Die Pantomimenübungen sensibilisierten das Körpergefühl für Bewegungsmöglichkeiten, die auf die Darstellbarkeit von Situationen und Bildern ausgerichtet waren, und die Living-Theater-Übungen sensibilisierten die Mitspieler im Umgang miteinander und schafften eine Aufgeschlossenheit und Bereitschaft zum Zusammenspiel, die eine wichtige Grundlage für das Mitspieltheater war.

In der ersten Spielphase wurden die Bewegungs- und Ausdrucksformen dargestellt. In der zweiten Phase spielten die Schauspieler untereinander damit und zeigten die Möglichkeiten der Improvisation mit dem Material. In der dritten Phase wurde das Publikum angespielt und nach Möglichkeit mit in

das Spiel einbezogen. Wenn sich dann Mitspielaktionen erschöpften und keine neuen Impulse im Zusammenspiel mit den Zuschauern hinzu kamen, zogen sich die Schauspieler wieder in ihre Gruppe zurück, entwickelten neue Impulse und trugen sie wieder in das Publikum.
Es stellte sich mit der Zeit heraus, daß sich verschiedene Techniken herausbildeten, die besonders gut geeignet waren, Impulse für Mitspielaktionen zu geben. Diese sind gleichzeitig auch Anregungen für Spielimprovisationen in der Gruppe, als Ausgleichsübungen für das Bewegungstraining, oder als Ausgleich für die inhaltlich-thematischen Improvisationen.

a. Bewegungen und Emotionen

Alle Bewegungen, die auf die Emotionen abzielten, wurden relativ schnell von den Zuschauern übernommen. Wenn sich jemand einen Arm verletzt hatte oder gestisch über seine Zahnschmerzen beklagte, war sehr schnell ein Zuschauer bereit, ihm zur Hilfe zu kommen. Ähnlich verlief es mit der Darstellung von Ängsten, steigerte sich ein Spieler in die Dar-

stellung von Ängsten, kamen ihm sehr schnell Zuschauer zu Hilfe, um ihm beizustehen, ihn zu trösten. Wut und Zorn wurde sehr schnell aufgegriffen, meistens konterten die Zuschauer mit Gegenaggressionen, einem Unterdrückten kam man schnell zu Hilfe, um seine Unterdrückungssituation aufzuheben. Soldaten wurden ausgebuht, Autoritätspersonen wurden lächerlich gemacht. Also auch die Darstellungen, die Emotionen weckten, erregten sehr schnell Reaktionen des Publikums.

b. Rituale und ritualisierte Situationen

Wenn sich das Mitspiel auf einem Tiefpunkt befand, entwickelten die Schauspieler oft Szenen, die nach festgefügten, den meisten Zuschauern bekannten Mustern abliefen. Auf dem Sportplatz, Beerdigungsszenen, eine Gerichtsverhandlung, eine Plenarsitzung im Bundestag, Gottesdienst usw. Mit diesen Ritualhandlungen konnte man im Spiel natürlich kreativ umgehen, es entwickelten sich Mischformen, so daß sich das Ritual des Gottesdienstes etwa mit der Gymnastik einer Sportstunde mischte. Daraus bildeten sich auch neue Rituale, die

auch, wenn sie den Zuschauern nicht bekannt waren, von ihnen trotzdem schnell verstanden wurden. Der Schweretest z. B. bestand darin, daß sich Zuschauer und Spieler zu einem Kreis zusammenschlossen und gemeinsam langsam in die Knie hinuntergingen und dazu ein leises Zischen erzeugten. Die Lichtkontrolle war ein anderes Ritual, das eingeführt wurde, um die Zuschauer zu kontrollieren. Die Spieler leuchteten ihnen mit Taschenlampen ins Gesicht. Dieses Ritual wurde dann von den Schauspielern benutzt, wenn das Publikum zu passiv war und ein wenig provoziert werden sollte.

c. Requisiten und Objekte

Ähnlich wie schon bei den Clowns-Szenen beschrieben, kann beim Mitspiel erreicht werden, daß sich Zuschauer und Spieler von den gewohnten Verwendungsmöglichkeiten und Zweckbestimmungen von Requisiten und Objekten lösen. Dabei kann man eine Wasserschüssel z. B. als Stahlhelm benutzen, als Teller aus dem gegessen wird, als Lenkrad, als Stuhl, als Tellermine usw. Durch diese Verfremdungsmöglichkeiten von Objekten werden die Grenzen der Darstellungsmöglichkeiten

gesprengt, damit wird beinahe jedes Thema darstellbar, können Situationen und Umgebungen blitzschnell verwandelt werden, kann sich die Fantasie der Akteure ungehindert entfalten.
Die Gegenstände verändern in der Vorstellung der Zuschauer in dem Maße ihre Funktion und Aussage, wie sie der Spieler in Frage stellt und neue Funktionen und Aussagen entstehen läßt. Hierbei kommen ihm die Bewegungsübungen und die Spielerfahrungen mit imaginären Gegenständen sehr zu Hilfe. Durch die Intensität des Spieles können banale, alltägliche Gegenstände magische, kultische Ausstrahlungen bekommen und zu neuen Ritualen verhelfen, oder Gegenstände können Symbolwirkungen erhalten, die neue Kommunikationen zwischen den Schauspielern und Zuschauern ermöglichen.

d. Rhythmus

Objekte und Gegenstände können natürlich auch als Schlaginstrumente benutzt werden, andere Musikinstrumente und Klangkörper können diese Bestrebungen unterstützen.
Hiermit haben die Schauspieler ein weiteres Mittel, die Spiel-

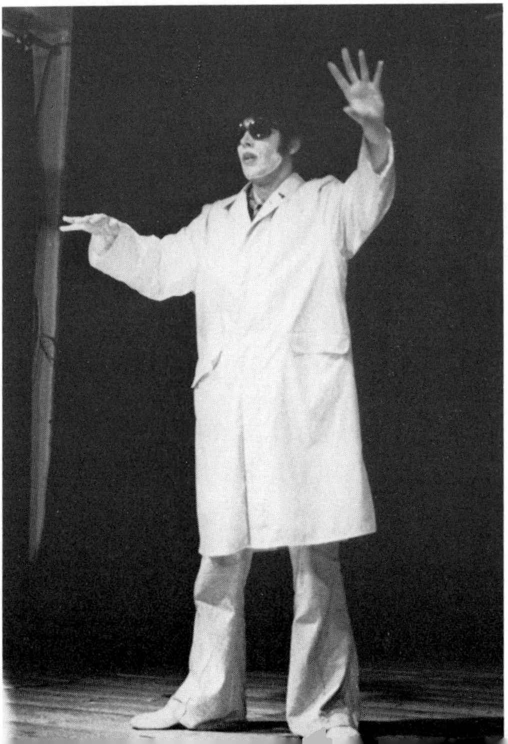

aktionen zu lenken. Wenn sich Mitspielaktionen verselbständigen oder im unübersichtlichen Chaos zu enden drohen, ist es eine gute Möglichkeit für die Schauspieler, zu etwas lauteren Geräusch- oder Musikaktionen überzugehen. Die magische, vereinheitlichte Wirkung, die von rhythmischen Geräuschen und Musiken ausgeht, ist erstaunlich. Augenblicklich werden Einzelaktivitäten ausgelöst; die Teilnehmer koordinieren sich auf der Grundlage des Rhythmus. Die rhythmischen Klangstrukturen verbinden die unterschiedlichen Handlungen miteinander und führen sie sogar zusammen. Musik, Rhythmus, Klänge, Geräusche und Laute können die Bewegungen und Handlungen lenken und leiten. Hier beginnen die Möglichkeiten des Tanzes und der tänzerischen Darstellung von Situationen und Handlungen. Im Mitspieltheater entwickeln sich auch tänzerische Darstellungsformen durch die Verbindung vom Rhythmus und Bewegung, die mit den herkömmlichen Formen des Tanzes vordergründig nichts mehr gemein haben, das Prinzip des Tanzes aber exakt benutzen.

40) Beispiel: Szenentransformationen

Bei einem Beerdigungsritual wurde der Tote z. B. nach einem traurigen, schwerfälligen Rhythmus von 8 Spielern eingegraben. Die Spatenstiche, die Schaufelbewegungen wurden vom Rhythmus der Geräusche und Klänge gelenkt. Die Trauernden spielten in der gleichen Geschwindigkeit ihre Reaktionen, der Pfarrer gestikulierte seine Predigt und wurde schließlich zum Dirigenten. Nach einiger Zeit erwachte der Tote jedoch wieder und der Rhythmus und die Klänge veränderten sich entsprechend. Der Dirigent wurde zum Vorarbeiter und alle Beteiligten mußten bei sengender Hitze einen Graben ausheben. Alle Mitspieler haben ungeheuren Durst, suchen nach einer Quelle. Die Hitze und der Durst wird durch die Geräusche und Laute unterstützt. Die Suche nach dem Wasser wird zu einem Ritual. Alles im Raum wird abgeklopft, aufgeschraubt, abgetastet, wo ist Wasser?
Plötzlich kommt ein Spieler mit einem Wasserschlauch in die Szene, ein großer Freudentanz beginnt, der Wassertanz wird entwickelt.

Mitspiel bei der Suche nach Spielthemen

Es wurde, glaube ich, deutlich, daß gerade die geschilderte Form des Mitspieltheaters eine Vorerfahrung und ein perfektes Zusammenspiel der Schauspieler erfordert, bevor man sich an die offene Veranstaltungsform mit dem Publikum wagt. Es sind aber auch wichtige Erfahrungen, die in dieser offenen Form gesammelt werden, sie zeigen eine Seite des Theaters und des darstellenden Spieles, die vor allem in der pädagogischen Arbeit wieder stärker Beachtung finden könnte, denn diese Mitspieltechniken setzten Fantasien frei, die in der Diskussion um ein Spielthema zum Beispiel, sich nicht so sinnlich und kreativ entwickeln können. Gerade bei der Suche nach Spielthemen und Stoffen kann man durch Mitspielimprovisationen die Inhalte langsam erarbeiten und inhaltlich immer stärker einengen und strukturieren. Dadurch erreichen die Spieler eine ständige Überprüfung des Stoffes auf seine szenische Wirkung und Umsetzbarkeit.

Literaturhinweise

Budenz, Toni: Das Pantomimenbuch, Don Bosco Verlag, München 1964

Hamblin, Kay: Pantomime – Spiel mit deiner Fantasie, Ahorn Verlag, Soyen 1980

Janin, Jules: Deburau, Henschel Verlag, Berlin 1977

Kramer, Michael: Das praktische Rollenspielbuch, Burckhardthaus-Verlag, Gelnhausen 1981, 2. Aufl.

Marceau, Marcel: Die Weltkunst der Pantomime, Verlag Die Arche, Zürich 1972

Melchinger/Jäggi: Harlekin, Basilius Presse, Basel 1959

Riha, Karl: Commedia dell' arte, Insel Verlag, Frankfurt 1980

Simon, Karl Günter: Pantomime, Nymphenburger Verlagshandlung, München 1960

Soubeyran, Jean: Die wortlose Sprache, Erhard Friedrich Verlag, Seelze

Spörri, Reinhart: Commedia dell' arte, René Simmen Verlag, Zürich 1963

Tristran: Clownsnummern, R. A. Remy Verlag, Köln 1964

Über den Autor

Michael Kramer arbeitet seit 1964 in der außerschulischen Bildungsarbeit. Er sammelte nach dem Studium der Malerei (Hannover Werkkunstschule), Pantomime-Studium (Düsseldorf, Titt-Falkenberg, Mehring-Grillon, Paris), Jazztanz-Studium (Robinson, Paris) als Regieassistent, Pantomime und Schauspieler Erfahrungen am Berufstheater: Landestheater Hannover, Theater der Freien Hansestadt Bremen, Pantomimenensemble Jean Soubeyran, Schillertheater Berlin.
Da sich aus dieser Theaterarbeit jedoch trotz verschiedener Experimente keine Form ableiten ließ, in der die Zuschauer stärker in den Schaffensprozeß der Theaterarbeit einbezogen werden konnten, ihre Probleme in die Inhalte der Inszenierungsarbeiten eingingen, zog es der Autor vor, in der Bildungsarbeit direkt mit den vorher nur rezeptiv beteiligten Zuschauergruppen zu arbeiten. Nach ersten Anfängen in Volkshochschulen, der Akademie Remscheid und im Bund deutscher Pfadfinder arbeitete er im Wannseeheim für Jugendarbeit, einer kulturellen Bildungsstätte in Berlin, als Dozent für Theater und Pantomime. Hier wurde in Fortbildungskursen für Sozialpädagogen und Erzieher die Brauchbarkeit der Medien für eine kulturelle Jugendarbeit hinterfragt. Nur praxisbezogene Fortbildungsangebote konnten in die konkrete Arbeit des Pädagogen einfließen. In diesen Seminaren stellte sich bald heraus, welche künstlerischen Mittel auch von Pädagogen übernommen werden konnten und welche nur für Freiraumexperimente geeignet waren. Aus dieser Arbeit entwickelte sich 1968 dann die erste Auseinandersetzung mit Rollenspielen und sozialen Improvisations-Szenen.
Viele dieser Versuche fanden jedoch keine Anwendung in der staatlichen Jugendarbeit, da die immer unzulänglichen Bedingungen die Voraussetzungen für eine qualifizierte Jugendarbeit schwinden ließen. Deshalb entstanden bald neben der offiziell geförderten Jugendarbeit aus der Improvisation und dem Bedürfnis heraus, jugendeigene Alternativen zu schaffen, andere kulturelle Initiativen, die den Jugendlichen eigene künstlerische Aktivitäten ermöglichten.

Der Autor gründete 1969 das Theater „Zentrifuge" und leitete es bis 1974. Seit 1972 arbeitet er als Kulturreferent bei der Evangelischen Jugend Berlin und als Mitarbeiter des Medienzentrums Kreuzberg. In seinem „Praktischen Rollenspielbuch" zeigt der Autor Erfahrungen und Schwierigkeiten dieser Arbeit auf, und er versucht darüber hinaus, den Leser zur Planung einer eigenen kulturellen Jugendarbeit anzuregen.

Pädagogik

Georg Leifels/Uwe Möller, **Konflikte spielend begreifen**
Neue Spiele und Spielvorschläge, 160 S., br. DM 16,80

Michael Kramer, **Das praktische Rollenspielbuch**
Theater als Abenteuer, Rollenspiel, Spielaktionen
Planspiele, 2. Auflage, 168 S., br. DM 17,80

Else Warns, **Spiele zum Thema Dritte Welt**
Spieltexte — Spielprozesse — Spielaktionen,

Band 1: Theaterstücke, 216 S., br. DM 22,80
Band 2: Spielaktionen und Workshops, 160 S., br. DM 18,80

Else Warns, **Die spielende Klasse**
Ideen, Vorschläge und Texte für Schule und Gruppe,
2. Auflage, 208 S., br. DM 19,80

Margret Beckmannshagen, **Musik-Werken**
Erlebte Projektgruppen in den Klassen eins bis neun,
Instrumente selbermachen, 96 S., br. DM 12,80

Eckhard Bieger u.a., **Spielregeln für Kursleiter**
Wie plane und leite ich Kommunikationskurse, 204 S., br. DM 19,80

Joseph Broich, **Erwachsenwerden**
Szenen und Spiele für die Gruppenarbeit, 104 S., br. DM 16,80

Johannes Schilling, **3x52 Gruppenstunden**
Ideen und Tips für Gruppenleiter, 196 S., br. DM 22,—

Ruth Dirx, **Das Kind, das unbekannte Wesen**
Geschichte, Soziologie, Pädagogik, 346 S., br. DM 12,80

Ruth Dirx, **Das Buch vom Spiel**
Die Welt des Spiels einst und jetzt, 296 S., br. DM 12,80

Preise: Stand Mai 1985

Burckhardthaus-Laetare Verlag
Schumannstraße 161, 6050 Offenbach/Main.